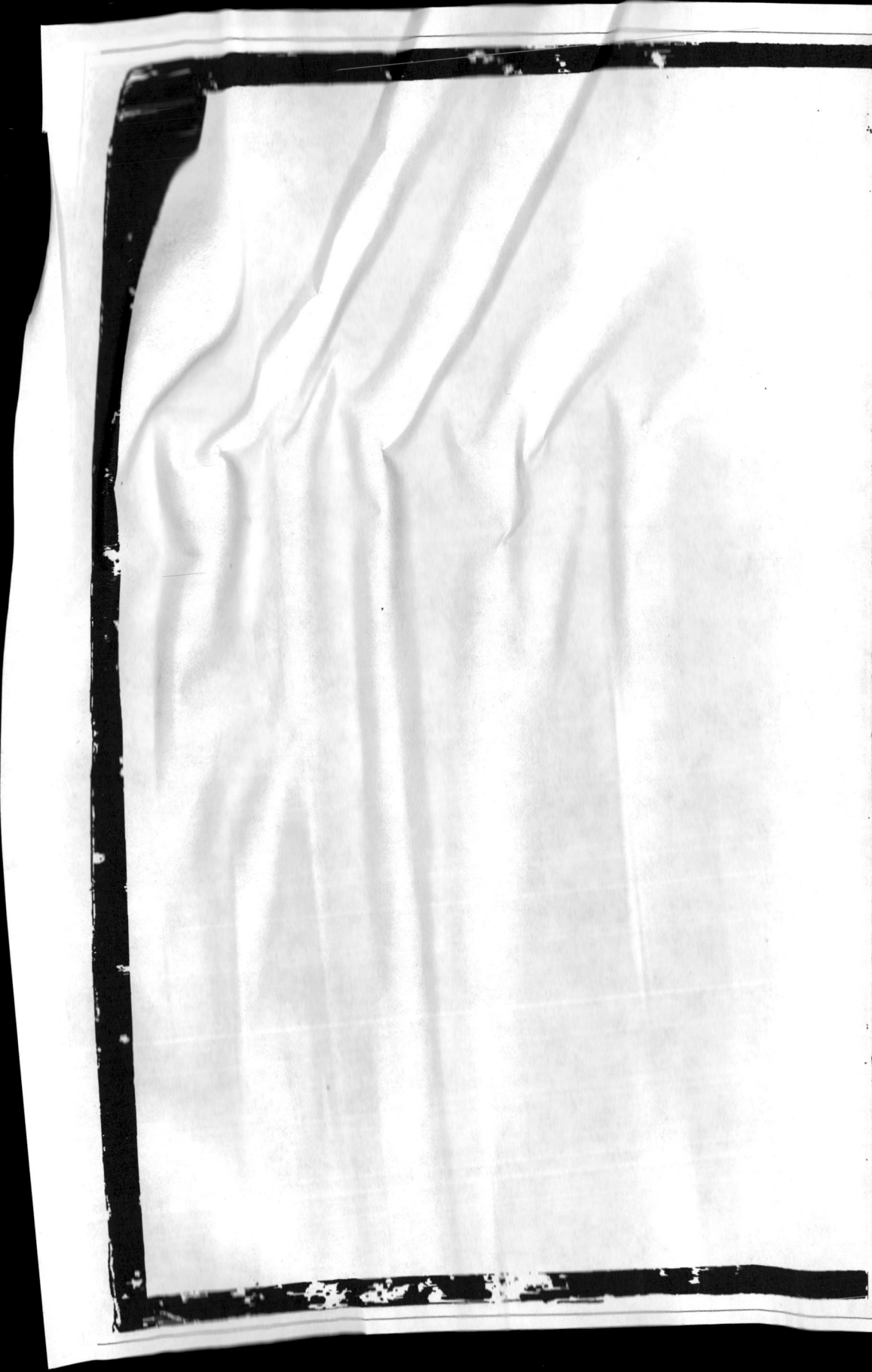

NOTICE

SUR

LA VILLE ET LES CANTONS

DE BEAUVAIS.

NOTICE

SUR

LA VILLE ET LES CANTONS

DE BEAUVAIS,

Extraite du Tableau géographique, statistique, historique et administratif du
Département de l'Oise; Ouvrage inédit,
rédigé sur un plan entièrement neuf, par
D. J. *Tremblay*, Ier Commis de la
Direction des Contributions directes de
ce Département, et Professeur de mathé-
matiques;

PUBLIÉE

Sur la demande de M. le Maire de Beauvais,
et aux frais de la Ville.

A BEAUVAIS,

CHEZ DESJARDINS, IMPRIMEUR-LIBRAIRE.

FÉVRIER 1815.

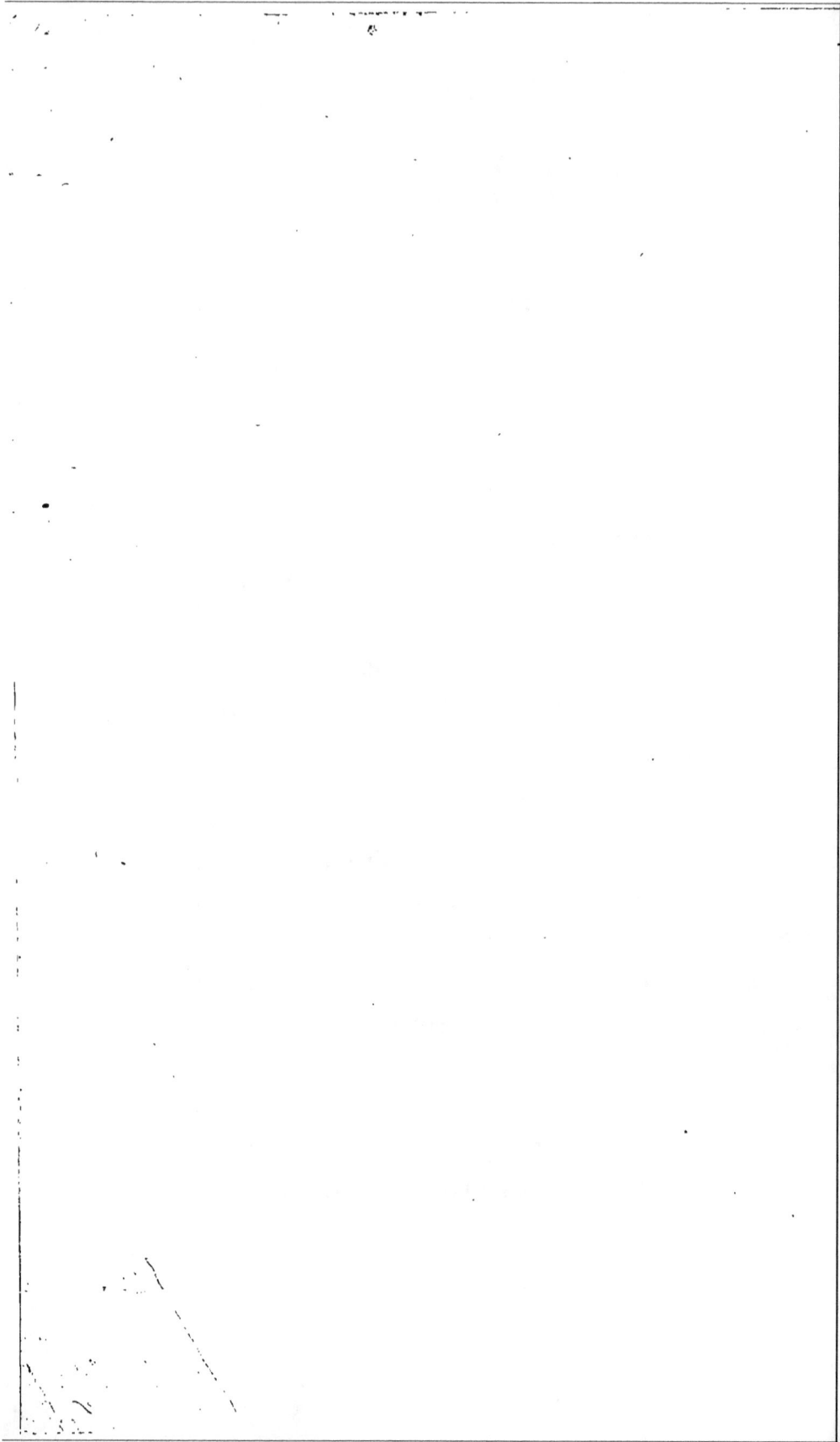

TABLE MÉTHODIQUE.

FAUTES A CORRIGER,

ET CHANGEMENS

SURVENUS PENDANT L'IMPRESSION.

---·····---

Page 26, à la fin du n.º 77, ajoutez :

C'est là qu'on a le projet d'augmenter encore le nombre des embellissemens de la ville, en destinant à une nouvelle promenade publique la partie des jardins du ci-devant Evêché la plus proche du Cours-Scellier.

Page 42, à la fin du n.º 113, ajoutez :

Une nouvelle blanchisserie de toiles se forme actuellement dans une partie des jardins de l'ancien Evêché.

Page 55, n.º 134, au lieu de Chilpéric, *lisez* Childeric I.ᵉʳ, père de Clovis.

Page 74, dernière ligne du n.º 183, au lieu de l'an 1202, *lisez* l'an 1022.

Page 144, 2.ᵉ colonne, supprimez la 4.ᵉ ligne, portant : Fontainieux (les). 372.

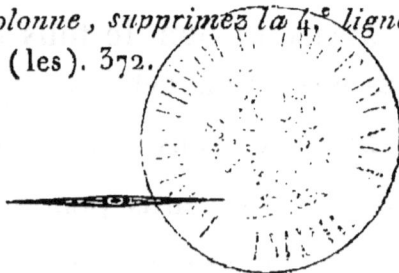

AVERTISSEMENT.

Il existe plusieurs Ouvrages sur la ville de Beauvais et ses environs. Louvet, Loisel, Simon, et plus récemment M. Cambry, ont donné sur cette partie si importante du département, et sur l'ancien Beauvaisis, des détails historiques et des notions fort étendues. Mais leurs Ouvrages, infiniment utiles comme matériaux, ont un inconvénient qui leur est commun, et dont l'administrateur, l'historien, le littérateur même, sentent toute l'importance; c'est de ne présenter au lecteur aucun moyen de trouver parmi la multitude de matières et de renseignemens qu'ils renferment, ceux dont il peut avoir besoin.

L'éditeur de cette Notice, qui souvent éprouva cet inconvénient, a conçu l'idée de rédiger, sur un plan neuf et méthodique, un Ouvrage ayant pour titre et pour objet: *Tableau géographique, statistique, historique, et administratif du Département de l'Oise.*

Cet Ouvrage, dont on peut se faire une idée, tant par la présente Notice qui n'en est qu'un extrait, que par celle du canton de Noailles, qui a été publiée en 1813, se compose d'abord d'une Notice rédigée sur le même plan pour chacun des 35 cantons du département. Toutes ces Notices sont divisées, comme celle-ci, en trois parties principales; la première concerne tout ce qui est applicable à l'ensemble du canton (n.ºs 1 à 40 de cette Notice). La deuxième se compose d'un Tableau de toutes les communes (voyez page 14), dans lequel sont rapportés les renseignemens qui sont applicables à toutes, afin d'en éviter la répétition dans les articles de chacune. La troisième partie présente toutes les remarques qui peuvent être particulières à chaque commune, et qui seraient relatives à leur dénomination, à leur topographie, leur histoire, etc. Tels sont les détails particuliers à la ville de Beauvais (n.ºs 52 à 350) et aux communes rurales (n.ºs 351 à 416).

Les Notices de tous les cantons d'un même arrondissement sont précédées d'un article général applicable à tout l'arrondissement. Cet article est divisé en deux parties; la première présente, sur un plan plus étendu, mais dans une forme semblable à celle de la première partie de la Notice d'un canton, le résumé de tous les renseignemens compris dans cette partie des Notices particulières, et en outre tous ceux qui ne peuvent se traiter que par arrondissement. La deuxième partie du même article forme un Tableau comprenant, en autant de lignes que de cantons, et en autant de colonnes qu'il est nécessaire, le résumé de tout ce qui, dans les Notices particulières, est susceptible d'être énuméré et récapitulé. Ce Tableau est pour l'arrondissement, ce que le Tableau particulier (page 14) est pour le canton; mais il présente beaucoup plus de colonnes et de détails.

En tête de l'ouvrage est placée une Notice générale applicable à l'ensemble du département. On y rapporte non-seulement les résultats de celles des quatre arrondissemens, mais encore une foule de renseignemens et de notions générales, qui ne peuvent être traités en détail, ainsi qu'un grand nombre de Tableaux très-curieux sur la statistique, le rapport de la population, le cours des rivières, etc.

L'Ouvrage sera terminé par plusieurs tables alphabétiques, qui feront connaître, par le moyen des n.ᵒˢ d'ordre portés à chaque alinéa, 1.ᵒ les noms des 730 communes; 2.ᵒ ceux de tous les hameaux et écarts; 3.ᵒ ceux des rivières; 4.ᵒ ceux de tous les personnages cités dans l'ouvrage; 5.ᵒ les objets du commerce et de l'industrie, les productions de la nature et de l'art, en un mot tout ce qui mérite d'être remarqué. Les trois tables qui terminent la présente Notice offrent un exemple de celles dont il s'agit; si ce n'est que la première, au lieu de comprendre, comme celle de la page 144, les communes, les hameaux et les rivières, formera trois listes séparées qui feront connaître, l'une les 730 communes du département dans un seul ordre alphabétique, la deuxième les 1850 hameaux et écarts, et les communes dont ils dépendent, et la troisième les 152 rivières et ruisseaux qui arrosent ce département. Enfin l'Ouvrage sera, s'il se peut, précédé d'une carte très-soignée du département de l'Oise.

On aura donc, dans cet Ouvrage, qui ne ressemble en rien, quant à la forme, à ceux qui l'ont précédé et qui ont eu un objet à-peu-près semblable, le Recueil méthodique, raisonné et facile à consulter, de toutes les notions qu'on peut désirer sur la consistance, la statistique, l'histoire, etc., de chaque commune, de chaque canton, de chaque arrondissement, et enfin du département (*).

Tel est l'Ouvrage dont cette Notice est extraite : on conçoit dès-lors que l'article isolé d'un canton, tel que celui-ci, quoique com-

---

(*) Tous les matériaux de ce grand Ouvrage sont à-peu-près recueillis, et pourraient former un volume de 35o à 4oo pages, in-4.° à deux colonnes, comme la Notice du canton de Noailles, publiée en 1813. M. le baron de Valsuzenai, après s'être convaincu de son utilité, s'occupait des moyens de le faire imprimer, lorsqu'il fut appelé de la préfecture de l'Oise à celle de la Gironde.

plet dans son genre, doit laisser quelque chose à désirer sur les objets qui n'ont pu être traités que dans les articles généraux d'arrondissement ou dans celui du département, et qu'on ne pouvait morceler par canton sans s'exposer à des répétitions multipliées.

On ne sera donc pas surpris si l'on remarque dans la première partie de cette Notice quelques sujets sur lesquels on aurait désiré des renseignemens plus étendus, qui ne se trouvent que dans celles de l'arrondissement de Beauvais ou du département.

L'éditeur ne s'arrêtera pas à justifier le style qu'il a employé. Quelques personnes en blâmeront la sécheresse : d'autres lui sauront gré d'avoir banni toute superfluité dans les paroles, pour présenter dans le plus petit espace possible, une quantité de détails instructifs, d'époques, de dates, etc., qu'on chercherait long-tems et peut-être vainement ailleurs.

Mais il ne se dispensera pas d'indiquer les sources principales dans lesquelles il a puisé ces notions. Il a consulté tous les historiens qui ont publié quelques Ouvrages sur l'ensemble ou sur certaines parties du département, et sur-tout ceux de Louvet et de Simon, la Description de M. Cambry, et la Statistique de MM. Peuchet et Chanlaire (*).

Il n'a pu citer, à chaque article, les emprunts qu'il a faits à ces divers écrits : mais il les avoue sans craindre le reproche de plagiat ni de contrefaçon; parce qu'il est des choses qui, par leur nature, sont du domaine de tous. C'est aux personnes instruites à juger si l'éditeur a réussi dans le plan qu'il s'était proposé; celui de présenter la substance de ces auteurs, peu connus pour la plupart, et de la resserrer dans le cadre le plus étroit et sous la forme la plus commode pour faciliter les recherches.

Qu'on n'imagine pas cependant que, servile copiste, il se soit borné à extraire ces Ouvrages et à les disposer suivant le plan qu'il avait

(*) La Statistique de l'Oise , par MM. Peuchet et Chanlaire, est extraite en grande partie de la Description de M. Cambry; mais elle est rédigée sur un plan plus méthodique que celui de ce dernier Ouvrage.

dressé. L'emploi qu'il exerce depuis 17 ans dans une des principales administrations du département lui a procuré des connaissances qui lui sont propres; il a consulté d'ailleurs pour chaque canton des personnes bien instruites des localités et auxquelles il se plaît à rendre hommage, tout en regrettant que leur modestie lui défende de les nommer. Enfin, il s'est efforcé de mettre dans son travail l'ordre et l'exactitude qui doivent faire le mérite principal d'un Ouvrage de ce genre.

Beauvais, le 25 février 1815.

NOTICE

SUR LA VILLE ET LES DEUX CANTONS

DE BEAUVAIS;

Extraite du Tableau géographique, statistique, historique et administratif du Département de l'Oise.

CANTONS DE BEAUVAIS.

OBSERVATIONS PRÉLIMINAIRES.

1. La ville de Beauvais ayant deux juges de paix, le ressort de chacun d'eux forme un canton composé d'une partie de la ville et de quelques villages voisins.

Mais le peu d'étendue de la partie rurale de chacun de ces cantons, et l'impossibilité de partager entr'eux ce que nous avons à dire de la ville de Beauvais, nous oblige de les considérer comme ne formant qu'un seul canton; sauf à donner, sur les points qui exigeront une division, les notions et les renseignemens qui seraient susceptibles de s'appliquer en particulier à chacun de ces cantons, qu'on ne peut guère considérer isolément que sous certains rapports administratifs ou judiciaires.

I

TOPOGRAPHIE.

Situation et Étendue.

2. Les cantons de Beauvais sont situés vers le centre de l'arrondissement de Beauvais : ils sont bornés au nord-ouest par le canton de Marseilles, au nord et à l'est par celui de Niviller, au sud-est par celui de Noailles, au sud et à l'ouest par celui d'Auneuil.

Ils ont ensemble 15 kilomètres de long, de l'est à l'ouest, ou de Bracheux à Savignies, et 10 de large, du nord au sud, ou du Plouy-Saint-Lucien à Sénéfontaine.

Division.

3. Ces deux cantons se composent de onze communes, qui sont disposées géographiquement de la sorte :

Canton du nord et de l'orient.	Au nord-ouest de Beauvais.	{	1. Savignies. 2. Pierrefitte. 3. Fouquenies.
	A l'ouest.......		4. S.-Just-des Marais.
	Au nord.......		5. N.-D. du Thil.
	A l'est.........	{	6. Marissel. 7. Bracheux.
Canton du midi et occident.	Au sud-est.....		8. Allonne.
	Au sud.......		9. S.-Martin-le-nœud.
	Au sud-ouest...		10. Goincourt.
	Au centre......		11. Beauvais.

4. Elles comprennent une ville, 9 villages chefs-lieux de mairies, 33 hameaux, en regardant comme tels les 8 faubourgs de Beauvais, et 25 écarts ou maisons isolées.

Anciennes divisions géographiques.

5. Ces onze communes faisaient partie du Beauvaisis et du gouvernement général de l'Ile-de-France. Elles dépendaient de l'élection de Beauvais et de la généralité de Paris.

Lors de la division en districts, elles étaient toutes comprises dans celui de Beauvais.

A l'époque des administrations de canton, les 4 premières et celle de Goincourt faisaient partie du canton de Savignies; celle de Notre-Dame du Thil de celui de Troissereux; Marissel et Bracheux de celui de Tillé; Allonne et S.-Martin-le-Nœud de celui d'Auneuil; et la ville de Beauvais formait seule un canton.

Description et aspect du pays.

6. Les environs de Beauvais, coupés par de belles routes bordées d'arbres fruitiers, sont en général très-variés et fort agréables. Rien de plus pittoresque que les routes de Clermont, de Calais et de Gisors à leur sortie de Beauvais. Les paysages, les points de vue s'y multiplient, et présentent à l'œil une variété que vient embellir l'idée de l'utilité de ces riantes cultures.

7. La route d'Amiens se dirige dans une vaste plaine. Cette route, très-fréquentée, est toujours couverte de promeneurs qui vont y respirer un air pur et serein.

8. Celle de Calais, conduite à travers des hameaux, des vallons, des côteaux enchanteurs, est on ne peut plus agréable. En la suivant sur le territoire de Notre-Dame du Thil, on découvre un vaste bassin formé par le prolongement de la montagne de Montmille et les bois qui couronnent la fin du côteau de Villers. Cette vue étendue est embellie par les contours du Thérain qui serpente dans la prairie, par de belles maisons et par des bosquets agréablement disposés.

Rivières.

9. Ces cantons sont arrosés par le Thérain qui y reçoit l'Avelon, l'Oëte ou Eauette, le ruisseau de Bracheux, et celui de Berneuil. Celui de la Fresnoye, qui y prend sa source, va tomber dans l'Avelon au nord du canton d'Auneuil, qu'il sépare de celui du Coudray-Saint-Germer.

Le Thérain, rivière très-poissonneuse, et dont il sera parlé beaucoup plus au long dans le Tableau géographique du département de l'Oise, dont cette belle rivière arrose une grande partie, prend sa source à Grumesnil, dans le

département de la Seine-Inférieure, à 4 kilomètres de celui de l'Oise : elle limite ou arrose
les cantons de Formerie, Songeons, Marseilles,
Beauvais, Niviller, Noailles, Mouy, Neuilly-
en-Thelle, Creil, et après un cours d'environ
80 kilomètres , se jette dans l'Oise près de
Montataire.

Routes.

10. Trois routes royales et deux routes départementales traversent les cantons de Beauvais. Celle de Paris à Calais, de 1.ʳᵉ classe, et
désignée sous le n.º 1.ᵉʳ des routes royales, passe
à Beauvais et à N.-D. du Thil; celle de Rouen à
Soissons, portant le n.º 34, connue dans le pays
sous le nom de route de Clermont, traverse
St.-Just-des-Marais, Beauvais et Marissel; celle
d'Evreux à Breteuil, n.º 36, passe à Saint-Martin-le-nœud et à Beauvais, où elle est connue
sous les noms de routes de Gisors et d'Amiens:
ces deux dernières routes sont de 3.ᵉ classe.

11. Les routes départementales sont: 1.º celle
de Beauvais à Dieppe, n.º 3, qui traverse le
territoire de Notre-Dame du Thil; 2.ª celle de
Pontoise à Beauvais, n.º 5, qui traverse ceux
de Beauvais et d'Allonne.

12. On y remarque encore le chemin de
Beauvais à Saint-Just-en-Chaussée, qu'on appelle *Chaussée Brunehaut*, parce qu'en effet

sa direction, les parties ferrées qui en restent rappellent les ouvrages attribués au règne de cette reine.

STATISTIQUE.

Superficie.

13. Les cantons de Beauvais présentent une superficie totale de 9787 hectares, ou $97 \frac{87}{100}$ myriares (environ $4 \frac{25}{10}$ lieues carrées). La superficie imposable n'est que d'environ 9444 hectares.

Anciennes Mesures agraires.

14. On se servait, dans toutes les communes de ces cantons, de l'arpent de 100 verges, de la mine de 50, et de la perche de 22 pieds de 12 pouces de côté. La mine était à Savignies de 60 verges; on connaissait aussi à Beauvais la mine de 48 et celle de 36 verges. Cette dernière était usitée pour le mesurage des aires.

	^{ares}	$^{cent.}$	
L'arpent de 100 verges, vaut	51	07	20
La mine de 60	30	64	32
Celle de 50	25	53	60
Celle de 48	24	51	46
Celle de 36	18	38	59

	$^{arp.}$	$^{verg.}$	
L'hectare vaut 1	95	$\frac{8}{10}$	

	$^{min.}$	$^{verg.}$	
ou en mines de 60$^{verg.}$	3	15	$\frac{8}{10}$
de 50	3	45	$\frac{8}{10}$
de 48	4	3	$\frac{8}{10}$
de 36	5	15	$\frac{8}{10}$

L'are vaut en verges............ 1 $\frac{96}{100}$

Le centiare,..................... $\frac{1}{50}$

Nature du sol, et genre de culture.

15. Les terres qui avoisinent Beauvais sont fortes, remplies de pierres calcaires, de marne, de silex. Il faut en excepter les aires, dont nous parlerons plus en détail (n.° 97).

16. En approchant de Savignies, le terrein est plus mélangé : un 5.ᵉ des terres est assez bon ; le reste l'est moins.

Productions.

17. On récolte dans ces cantons des grains d'assez bonne qualité, mais en petite quantité. On y cultive aussi des prairies artificielles. Les fourrages y sont médiocres.

18. Il y a beaucoup de plantations en pommiers et poiriers : le cidre qu'on y fait est d'autant meilleur qu'il s'approche plus du pays de Bray.

19. La partie orientale de ces cantons est couverte de vignes, dont on tire un vin de médiocre qualité.

20. Les aires de Beauvais produisent une quantité considérable de légumes.

21. On trouve des bois bien garnis et assez étendus sur les territoires de Saint-Just, Savignies, Goincourt, Fouquenies et Allonne. Partie de ces bois sont consommés par les manufactures de poteries de Savignies. Le gros bois se vend à Beauvais.

22. On élève dans ces cantons des moutons dont la chair est fort estimée.

23. On tire de la tourbe à Bracheux, à Goincourt; mais elle n'est pas bonne à brûler. Des coquilles fossiles se trouvent en abondance à Bracheux; il existe quelques carrières à Allonne, Saint-Martin-le-nœud et Beauvais. Les environs de Savignies offrent des grès, des pierres calcaires mêlées de coquilles et de la terre sigillée. Des eaux minérales et les restes d'une mine de fer se trouvent à Goincourt.

Population.

24. On compte dans les dix communes rurales 1658 maisons. Leur population était, en 1806 (*), de 6351, dont 3002 mâles et 3349 femmes ou filles, ce qui revient à $3\frac{8}{10}$ par maison, et à 70 par myriare (1390 par lieue carrée). Je ne comprends pas dans ces résultats la ville de Beauvais, qui ne peut entrer en comparaison : voyez, pour ce qui la concerne, le n.º 103.

Commerce et Industrie.

25. L'industrie des communes rurales, autres que Savignies, se borne en général à la culture des terres et des vignes; et le seul commerce qu'on y connaisse est celui des produc-

---

(*) Il n'y a pas eu de recensement général et détaillé depuis l'année 1806.

tions territoriales et animales. Mais il se fait à Savignies un commerce considérable des poteries de terre et de grès qu'on y fabrique. Pierrefitte offre aussi quelques ateliers de ce genre. Saint-Just-des-Marais possède plusieurs belles manufactures.

26. Quant au commerce de Beauvais, voyez ci-après l'article de cette ville (n.⁰ˢ 104 et suivans).

Manufactures et Usines.

27. Les manufactures et usines sont en assez grand nombre dans les communes de ce canton, indépendamment de celles qui sont particulières à la ville. On y trouve en effet :

Sept manufactures de toiles peintes, dont quatre à Beauvais, deux à Saint-Just et une à Notre-Dame du Thil;

Trois blanchisseries de toiles, une à Beauvais et deux à Saint-Just;

Treize tanneries, dont 12 à Beauvais et une à Allonne;

Une manufacture de faïence et deux de sulfate de fer, toutes trois à Goincourt;

Trois manufactures mécaniques d'étoffes de laine, dont deux à Beauvais et une à Notre-Dame du Thil;

Une briqueterie à Pierrefitte;

Vingt moulins à blé, mus par l'eau, dont 8

à Beauvais, 4 à Allonne, 2 à Goincourt, 2 à Fouquenies et un dans chacune des communes de Bracheux, Notre-Dame du Thil, Saint-Just et Saint-Martin-le-Nœud;

Un moulin à vent à Savignies;

Deux moulins à huile, à Allonne et à Fouquenies;

Quatre moulins à foulon ou à draps, dont un à Beauvais, un à Fouquenies et deux à Allonne;

Et quatre moulins à tan, savoir deux à Beauvais et deux à Allonne.

28. La ville de Beauvais renferme en outre, ainsi que nous le ferons voir plus en détail:

Une manufacture de tapisseries et une de tapis de pied;

Trois établissemens de bains publics;

Quatre brasseries, deux imprimeries, etc.

Foires et Marchés.

29. Il n'y a d'autres foires et marchés que ceux qui se tiennent au chef-lieu, c'est-à dire deux marchés par semaine, et un franc-marché équivalant à une foire, une fois par mois. (Voy. ci-après n.ºˢ 125 et 126.)

Toutes les communes des deux cantons fréquentent ces marchés.

Contributions des Communes rurales.

30. Voici le tableau des contributions directes payées en 1814 par les dix communes rurales. Voyez celles de la ville, n.° 128.

NATURE des CONTRIBUTIONS DIRECTES.	PRINCIPAL pour 1814.	CENTIMES additionnels ordinaires.	TOTAL.
Foncière	39,040	16,812	55,852
Personnelle et mobil.ʳᵉ	7,044	2,880	9,924
Portes et Fenêtres. . .	4,221	609	4,830
Patentes.	2,481	124	2,605
TOTAUX . . .	52,786	20,425	73,211

31. Le nombre des hectares imposables dans les dix communes rurales étant d'environ 8806, et leur population étant de 6351 individus, la contribution foncière revient en total à 6ᶠ 34ᶜ par hectare imposable, et la contribution personnelle et mobilière à 1ᶠ 56ᶜ par individu de tout âge et de tout sexe.

32. La ville de Beauvais a un octroi municipal dont nous parlerons ci-après n.° 129.

HISTOIRE.

33. L'histoire de ces cantons n'est autre que celle de la ville de Beauvais, dont les communes

rurales ont en général suivi le sort. Nous sommes entrés dans des détails fort étendus sur cette histoire. Voyez ci-après n.ᵒˢ 130 et suivans.

ADMINISTRATION.

34. Nous ne rapporterons ici que ce qui peut être relatif aux communes rurales. Les administrations et établissemens que renferme la ville de Beauvais seront spécifiés particulièrement à l'article de cette ville. (Voyez ci-après n.ᵒˢ 325 et suivans.)

35. Des 10 communes rurales, huit sont comprises, ainsi que la ville, dans la 1.ʳᵉ division de contrôle des contributions directes; celles d'Allonne et de Saint-Martin-le-Noéud font partie de la 4.ᵉ

36. Il existe dans les deux cantons de Beauvais trois chefs-lieux de perception, Beauvais, Notre-Dame du Thil et Savignies.

37. Sept notaires y sont établis, dont cinq à Beauvais, un à Savignies et un à Notre-Dame du Thil.

38. Aucun huissier ne réside dans les 10 communes rurales. Il y en a 18 à Beauvais.

39. Le bureau de postes aux lettres de Beauvais fait le service des dix communes rurales.

40. Chacun des deux cantons a sa paroisse. Elles sont toutes deux de première classe et placées à Beauvais; mais les limites n'en sont pas les mêmes que celles des cantons. Ceux-ci ont pour limites celles des territoires des communes qui font partie de chacun d'eux; et, quant à la ville, la limite des justices de paix est formée par la ligne de division tracée dans le n.° 84.

La circonscription des paroisses est un peu différente, ainsi qu'on en jugera par le tableau suivant:

Cures.	Succursales.	Communes qui forment le territoire de chaque succursale.
S.-Pierre.	Goincourt.	Goincourt.
	Marissel.	Marissel. Bracheux.
	Notre-D.ᵉ du Thil.	N.-D. du Thil, à l'exception de l'oratoire de Miauroy, attribué à l'église paroissiale de Saint-Pierre.
	S.-Just-des-Marais.	Saint-Just-des-Marais.
	Savignies.	Savignies. Pierrefitte.
S.-Etienne.	Allonne....	Allonne.
	S.-Martin-le-Nœud.	Saint-Martin-le-Nœud.

La ville est aussi partagée entre les deux paroisses par une ligne de démarcation qui

diffère de celle des justices de paix. Voyez-en
la description au n.° 336.

La commune de Fouquenies ne dépend d'aucune des deux paroisses: elle est attribuée à la
succursale de Troissereux, cure et canton de
Niviller.

DÉTAILS STATISTIQUES

Applicables à chacune des Communes.

N.° d'ordre.	NOMS des COMMUNES.	Superfic. en hectares.	Popula- tion.	Nombre de Maisons.	Montant en principal pour 1814		Distance de Beauvais
					de la Contribut foncière.	des Patentes.	
	Nord et Orient.						kilomèt.
41.	Bracheux....	230	175	44	1,379	9	3
42.	Fouquenies..	1,097	518	110	3,648	125	6
43.	Marissel....	488	495	154	3,199	70	2
44.	N.-D. du Thil.	964	962	280	5,747	376	1
45.	Pierrefitte...	510	505	168	2,418	173	10
46.	S.-Just-des-Marais.	553	602	115	2,729	530	1
47.	Savignies....	1,024	735	165	2,748	212	10
	Midi et Occid.						
48.	Allonne.....	2,222	1,331	357	10,035	750	4
49.	Goincourt...	604	399	106	3,080	217	3
50.	S.-Martin-le-Nœud.	1,359	629	159	4,057	39	3
	TOTAL des Com- munes rurales.	9,031	6,351	1,658	39,040	2,481	//
51.	BEAUVAIS...	756	12,791	3,040	31,110	23,859	//
	TOTAUX du Canton.	9,787	19,142	4,698	70,150	26,340	//

VILLE DE BEAUVAIS.

TOPOGRAPHIE.

Situation.

52. Beauvais, en latin *Bellovacum*, ville ancienne, grande, peuplée et marchande, est situé dans un riche vallon entouré de collines riantes et boisées, au confluent du Thérain et de l'Avelon, à 88 kilomètres N. $\frac{1}{4}$ O. de Paris, 62 S. $\frac{1}{4}$ O. d'Amiens, 80 E. de Rouen, 124 O. $\frac{1}{4}$ S. de Laon, et 88 N. E. d'Evreux.

D'après les opérations faites pour déterminer les triangles qui ont servi à la rédaction de la carte de Cassini, Beauvais se trouve situé à 18529 mètres, ou 18 kil. $\frac{1}{2}$ à l'ouest de la méridienne de Paris, et à 66345 mèt., ou 66 kil. $\frac{1}{3}$ au nord de la perpendiculaire à cette méridienne, l'une et l'autre prises de l'Observatoire; ce qui détermine sa longitude occidentale de 15 minutes, et sa latitude de 49° 26′ 2″.

Routes.

53. Elle est traversée par trois routes royales, celle de Paris à Calais, n.° 1.er de 1.re classe; celle de Rouen à Soissons, n.° 34; et celle d'Evreux à Breteuil, n.° 36, toutes deux de 3.e classe.

Les routes départementales de Beauvais à
Dieppe, n.° 3, et de Pontoise à Beauvais, n.° 5,
y viennent aboutir.

Description de la Ville.

54. Beauvais est construit au milieu des canaux formés par le Thérain et par l'Avelon,
dont les eaux l'environnent de toutes parts.
(N.° 69.)

Presque toutes les maisons sont mal alignées,
et bâties en bois et en mortier de sable, de
chaux et d'argille, à la manière de nos plus
anciennes villes : mais on est frappé de la
multitude d'ornemens et de sculptures en bois
qui décorent l'extérieur de ces habitations.

55. Le plus bel édifice est l'hôtel-de-ville,
d'une construction moderne (*), et dont la ré-
gularité contraste avec la bigarrure des maisons qui l'avoisinent. Il forme une des faces
de la place principale. On y remarque une
très-bonne horloge à équations, composée par
le célèbre Lepaute; elle y fut placée le 15 septembre 1810.

56. Il ne manque à la place de l'hôtel-de-
ville que d'être entourée d'une suite de bâtimens plus réguliers pour en faire une des plus

(*) La première pierre en fut posée le 30 avril 1753. Ce fut sur
les dessins du sieur Bayen, architecte, que l'hôtel-de-ville fut construit
en 1754.

vastes et des plus belles de la France. Tous les habitans désirent de la voir ornée d'une fontaine, qui remplacerait bien avantageusement le puits qui existe à l'une de ses extrémités (*).

57. Il ne sera peut-être pas inutile de consigner ici, comme monument historique, quelques particularités relatives aux divers objets qui décoraient la grande place de Beauvais avant la révolution.

Le plus remarquable était une statue équestre de Louis XIV, qui fut donnée à la ville, en 1784, par M. le comte de Crillon. Elle avait été faite pour la place Vendôme à Paris; mais elle fut trouvée trop petite pour ce vaste emplacement. Louis XIV la donna au maréchal de Boufflers; elle passa à M. de Crillon lorsqu'il acquit la terre de ce nom, à laquelle il donna le sien. La statue partit de Crillon le 28 septembre 1784; mais elle resta long-temps déposée sur la montagne de Villers-St.-Lucien, commune de Notre-Dame du Thil, et ce ne fut que le 10 août 1788 qu'elle entra à Beauvais, où elle fut inaugurée le 11. Quatre ans après (le 13 août 1792) elle fut renversée.

58. On voyait auparavant, sur la même place, un monument de la féodalité qui y

---

(*) On doit ce puits à la générosité de M. Loisel, élu, qui laissa un legs de cent écus avec lequel il fut construit en 1596.

existait dès l'année 1454; c'était un bâtiment
octogone, nommé le *pilori,* que l'on conser-
vait comme un signe de la puissance seigneuriale unie à l'évêché : aussi l'évêque Louis de
Villers le fit-il rétablir à neuf en 1514. Il fut
détruit en juillet 1788 , du consentement de
M. de la Rochefoucauld, alors évêque-comte
de Beauvais, et remplacé par un obélisque qui
fut renversé avec la statue en 1792.

59. L'hôtel de la préfecture, ancien palais
épiscopal, est un édifice d'une antique construction, dont les dehors annoncent une petite forteresse; car il est flanqué de deux grosses
tours et entouré de hautes et fortes murailles
de pierre. Ces tours furent bâties, des deniers
de la ville, par l'ordre de Simon de Clermont,
dit de Nelle, évêque de Beauvais : son image
et ses armes s'y voient encore en bosse. Louis
de Villers fit rebâtir ce palais dans le xv.ᵉ
siècle.

60. La principale église, celle de St.-Pierre,
ancienne cathédrale du diocèse de Beauvais,
est renommée par l'élévation, la légèreté et la
hardiesse admirables de la voûte de son chœur
qui passe pour un chef-d'œuvre d'architec-
ture gothique. On dit en proverbe, que le
chœur de Beauvais, la nef d'Amiens, le portail de Reims et les clochers de Chartres,

formeraient ensemble une église accomplie.

Les fondemens de cette église furent jetés, vers l'an 991, par Hervée, 40.ᵉ évêque de Beauvais. En 1225, un incendie en consuma le comble et les voûtes; et en 1284, les grandes voûtes du chœur et quelques piliers s'écroulèrent : on n'y put célébrer la messe que 40 ans après (*). Cette église ne consista, pendant 500 ans, que dans le chœur. La croisée qui y est actuellement n'a été entreprise qu'en 1500, et la nef n'est pas encore commencée (**). Le clocher, bâti en pierre, très-élevé, et d'une structure merveilleuse, s'écroula en 1573, sans que personne fût blessé. Cette église avait auparavant 145 mètres d'élévation, y compris celle du clocher : on en construisit un plus petit, qui fut détruit en 1793.

On remarque dans cette église d'anciennes tapisseries très-curieuses de la fabrique d'Arras, et la statue en marbre blanc du cardinal de Janson, sculptée par le célèbre Coustou.

61. Près de Saint-Pierre sont les restes d'une ancienne église, nommée *Notre-Dame de la basse-œuvre*, qui devait être détruite si le bâ-

(*) On y avait dit l'office pour la première fois en 1272.

(**) On trouve des détails curieux sur la dépense qu'occasionna ce travail, au commencement du XVI.ᵉ siècle, dans le 2.ᵉ volume de l'ouvrage de M. Cambry, p. 256.

timent actuel de la cathédrale eût été terminé: sa construction est du III.ᵉ siècle. Quelques auteurs prétendent même qu'elle est beaucoup plus ancienne, et que c'était jadis un temple païen dédié à Jupiter, lequel fut converti en une église chrétienne vers le milieu du IV.ᵉ siècle. Jusqu'en 1272, elle servit de cathédrale sous l'invocation de la Vierge et de Saint-Pierre; et c'est depuis cette époque qu'on la nomma *la basse-œuvre*, pour la distinguer du chœur de la nouvelle église, qui était *la haute-œuvre*. Cette église, qui sert maintenant de chantier à un marchand de bois, présente encore, sur son pignon occidental, une figure ou espèce de marmouset qu'on croit être une des idoles des païens qui l'ont construite.

62. Saint-Étienne, seconde paroisse de la ville, est beaucoup moins vaste et moins élevé que Saint-Pierre. On y ferait un cours complet de peinture sur verre: il y existe des morceaux très-curieux en ce genre. Cette église portait précédemment le nom de Saint-Vaast; les premiers fondemens en furent jetés par St. Firmin, vers l'an 220 : on la renouvela en 997.

C'est près de cette église, et dans la partie septentrionale du cimetière, considéré comme place publique, que l'on recevait, avant 1789, les maires de la ville.

63. Les autres édifices que l'on peut encore remarquer, sont :

Le bureau des pauvres, ou l'hospice des indigens (n.° 346);

Le collége, ancien couvent des Ursulines;

Le bâtiment où siége la cour d'assises;

Celui de la manufacture royale de tapisseries (n.° 114);

Une salle de spectacle assez bien décorée;

Et les écuries de MM. les gardes-du-corps, compagnie de Noailles, dites le *grand-quartier*.

64. La plupart des rues, comme dans toutes les villes anciennes, sont mal percées, et les maisons, comme nous l'avons déjà dit, n'y sont point alignées. L'une des plus belles est celle des Jacobins qui, traversant toute la ville, de l'est à l'ouest, sous cinq noms différens, la partage en deux parties presqu'égales.

65. La largeur de la ville, en ce sens, est, *intrà muros*, de 950 mètres; et sa longueur, du nord au sud-ouest, ou de la porte d'Amiens à celle de Saint-Jean, est de 1150 mètres; le tout en ligne droite.

66. Une petite portion de la ville actuelle se nomme *la cité*: elle est d'une construction fort ancienne, presque carrée et fermée de murailles épaisses de plus de 2 mètres, accompagnées de tours rondes; le tout bâti de petites

pierres carrées fort dures, mêlées de grosses
et larges briques tellement cimentées qu'on a
peine à les désunir. Ces murailles paraissent
être du III.ᵉ ou du IV.ᵉ siècle; cependant Louvet pense que le châtel fut construit sous le
règne de Néron, par conséquent vers l'an 60
de J.-C. La cité se trouve renfermée entre la
rue du petit Thérain, le cul-de-sac **Merdan-
son**, les rues Beauregard et du Théâtre : elle
est bornée à l'ouest par le Thérain.

Enceinte de la Ville.

67. La nouvelle ville, cinq à six fois plus
grande que la cité, a été entourée de remparts
et de fossés dont la construction a eu lieu pendant le cours des XII.ᵉ et XIII.ᵉ siècles. Ces forti-
fications, devenues inutiles depuis l'invention
de l'artillerie, sont actuellement remplacées,
du moins dans toute la partie orientale, par de
très-beaux boulevards, qui forment une promenade agréable, composée de trois allées
principales ayant ensemble 26 mètres de large.

Cette promenade, bordée par un canal d'eau
vive, qui se décharge dans le Thérain après
avoir fait le tour de la majeure partie de la
ville, remplace des remparts qui tombaient en
ruine, et des fossés marécageux dont les exha-
laisons étaient aussi nuisibles que désagréables.
Le premier arbre de ces boulevards fut planté

le 15 décembre 1804. La démolition des remparts avait commencé en janvier 1803.

68. C'est au zèle éclairé de M. le chevalier De-Nully-d'Hécourt qu'est due l'idée heureuse de cette utile transformation ; c'est à l'activité, à la persévérance qu'il a mises dans l'exécution des travaux qu'il avait projetés, et qu'il surveilla constamment, d'abord comme adjoint, puis comme maire, que les habitans de Beauvais sont redevables de ces heureux changemens, qui chaque jour font de nouveaux progrès, et dont on reconnaît à chaque instant l'utilité.

69. L'autre côté de la ville est baigné par un bras du Thérain, dans lequel l'Avelon vient se jeter près de la porte Saint-Jean.

Le Thérain, avant que d'arriver à Beauvais, et à environ deux kilomètres des murs de la ville, se trouvait visiblement entraîné par la pente du terrain vers le village de Saint-Just. Un ouvrage artificiel, qui commence au lieu dit *le grand relais*, l'a contraint à se rendre à Beauvais. Les dimensions de cette digue, très-importante pour le pays, sont réglées par des traités, des chartes, etc.

Au grand relais, un bras qui sort de la rivière principale se subdivise en deux ; l'un arrose le marais de Saint-Just, appelé *marais de Savoie;* l'autre sépare le marais de Saint-Lucien de celui de Saint-Quentin.

En entrant dans la ville, le Thérain se divise encore en deux branches qui traversent plusieurs quartiers, et servent un grand nombre de fabriques qui font la principale richesse de cette ville.

70. Elle est fermée par cinq portes principales et trois poternes ou petites portes. Les portes sont celles d'Amiens (ou de l'Hôtel-Dieu) au nord; de Clermont (ou de Bresles) à l'est; de Paris et de Saint-Jean au midi, et de Gournay (ou du Limaçon) à l'ouest. Celles de Clermont et de Gournay sont accompagnées de pavillons d'un goût et d'une construction modernes : ceux de la porte de Clermont furent achevés en 1809; les autres l'étaient en 1807.

71. Des trois poternes, celle de Saint-André est située, sur le nouveau canal, à l'est de la ville; celle de Sainte-Marguerite, au nord-ouest, à l'entrée du Thérain; et celle de Saint-Louis, à l'ouest, près de la même rivière. Il y avait autrefois, vis-à-vis la caserne dite du grand-quartier, une 4.ᵉ poterne, nommée St.-Gilles ou Saint-Germer. Elle se confond aujourd'hui avec celle de Saint-Louis.

Faubourgs, Écarts, etc.

72. On compte à Beauvais huit faubourgs. Les principaux sont ceux de *Saint-Quentin* ou de *Gournay*, de *Saint-Jean*, de *Saint-Jacques* ou de *Paris*, et celui de la *Poterne Saint-André*. Ceux de la *Poterne Saint-Louis*, de *Gaillon*, de *Basset* et de la *Terre Bourdon*, sont moins considérables : ce dernier n'est même qu'une dépendance de celui de la Poterne Saint-André.

73. Le territoire de la ville comprend en outre quatre écarts, la ferme de *Panthemont*, le *Pressoir-Coquet*, le *Clos-Canonne* (*), et une maison isolée sur la route d'Amiens.

74. Indépendamment de ces faubourgs, on peut considérer comme tels quatre villages voisins : *Voisinlieu* (n.° 352), *Saint-Just* (n.° 400), qui sont tout-à-fait contigus à la ville, et *Marissel* (n.° 376), ainsi que *St.-Lucien* (n.° 385), qui en sont très-rapprochés.

75. Le plus beau faubourg de Beauvais est celui de *Saint-Quentin*, dont la partie située sur la route de Gournay, depuis le cours Scellier jusqu'au premier pont, s'appelait anciennement *le Déloir*. Guy, 46.ᵉ évêque de Beauvais, y fonda, en 1064, une abbaye, sous le titre de St.-

---

(*) Ce lieu tire son nom d'une ancienne famille de Beauvais, auquel il appartenait.

Quentin , parce qu'il avait été doyen de l'é-
glise de Saint-Quentin de Verdun. Cette abbaye, occupée par des Génovéfains de l'ordre
de St. Augustin , est maintenant transformée
en une superbe manufacture de toiles peintes
(n.° 112). Une autre manufacture de ce
genre, ainsi qu'une belle fabrique d'étoffes de
laines (n.° 109), existent encore dans ce faubourg, qui d'ailleurs est arrosé par plusieurs
bras du Thérain.

76. Entre ce faubourg et la ville, on trouve
le *Cours Scellier,* promenade agréable, à laquelle la reconnaissance publique imposa ce
nom, parce qu'elle la devait aux soins de M. *Le-*
Scellier, maire de Beauvais.

77. Près de ce cours, et derrière le jardin
de la préfecture, on voit les débris d'une ancienne tour, appelée la tour de *Crou.* Cette
tour, entourée jadis de fossés pleins d'eau vive,
était une forteresse pour l'évêque de Beauvais,
qui y communiquait de son palais par un pont-
levis placé sur le bras du Thérain qui sépare
de ce côté la ville du faubourg.

78. Le faubourg de St.-Jean, excepté dans
sa partie la plus proche de la ville, ressemble
beaucoup à un village. Mais on doit y remarquer le mont *Saint-Symphorien* (*), où était

_____

(*) Il y avait jadis sur cette montagne une abbaye dite de Saint-
Symphorien qui avait été fondée en 1035.

autrefois le *Séminaire*. C'est une montagne à
pic, au sommet de laquelle se trouve une ancienne église, avec une ferme et quelques maisons. On y jouit d'un superbe point de vue:
toute la ville s'y développe aux regards du
spectateur, qui se portent bien au-delà sur des
plaines et des bois fort éloignés, et jusques
près de Clermont.

79. Le faubourg de St.-Jean est arrosé par
l'*Avelon*, dont les rives sont couvertes d'au-
naies et d'arbres fruitiers de toute espèce. Cette
rivière y mêle ses eaux à celles du Thérain,
en baignant de toutes parts le pied d'une ancienne tour qu'on nomme la *Tour de Boileau.*

80. C'est dans le faubourg *Gaillon*, et sur
la route de Calais, qu'est situé le cimetière de
la ville, connu sous le nom des *Capucins*,
parce que, depuis 1792, il est établi dans
l'enclos de ces anciens religieux. Déjà, depuis
quatre ans, il existait, en vertu d'une ordonnance de l'évêque, du 20 décembre 1788,
un cimetière commun aux 8 paroisses situées
intrà muros : auparavant chaque paroisse avait
le sien. Ce premier cimetière général était situé
à droite du franc-marché, en montant dans la
plaine. Lorsqu'ensuite les capucins furent sup-
primés, on prit successivement, d'abord une

partie, puis la totalité de leur enclos, pour servir de cimetière commun.

Des vases cinéraires et des médailles qu'on a trouvés dans ces terres, font présumer que, du temps des Gaulois et des Romains, elles avaient la même destination. Peut-être aussi les ossemens humains qu'on a découverts près de là, en grande quantité, sont-ils ceux des Bourguignons qui périrent en si grand nombre, autour de Beauvais, en 1472.

81. Les faubourgs de la *Poterne St.-André* et de la *Terre Bourdon* ne sont occupés que par des cultivateurs, jardiniers et vignerons. Ils exploitent les terres que dans le pays on appelle les *aires*, et qui forment le plus riche jardin potager que l'on puisse trouver. (Voy. n.° 97.)

82. La *Poterne Saint-Louis* se compose en grande partie de jardins particuliers. On y remarque celui du Bureau des pauvres, deux établissemens de bains publics et une manufacture de toiles peintes.

83. Le faubourg *Basset*, autrefois nommé *Gonart*, est situé le long du Thérain, avant son entrée dans la ville. Il y existe aussi des bains publics et une manufacture de toiles peintes.

Division de la Ville.

84. La ville de Beauvais, partagée jadis en quatre sections dites du Nord, de l'Orient, du Midi et de l'Occident, n'en a plus que deux.

Les deux premières, réunies sous la dénomination de *Section du Nord et de l'Orient*, appartiennent au canton de ce nom. Les deux autres, réunies de même sous le nom de *Section du Midi et de l'Occident*, font partie de l'autre canton.

La ligne de démarcation de ces deux sections, qui forme celle des deux cantons, comprend, dans la section du Nord et de l'Orient, les faubourgs de Saint-Quentin, Basset, Gaillon, la Terre-Bourdon, la Poterne St.-André, et les deux côtés de chacune des rues du Limaçon, de St.-Pierre, du Châtel, de la Harpe, de l'Ecorcherie-Saint-Sauveur, des Tanneurs, du Pied, de Lannoy et du Puits-Jesseaume. La place entière de l'Hôtel-de-Ville et toutes les rues situées au midi de celles qui viennent d'être citées, ainsi que les faubourgs de Saint-Jacques, de St.-Jean et de la Poterne St.-Louis, composent la section du Midi et de l'Occident.

85. La ville de Beauvais comprend environ : *Intrà muros*, 118 rues, 10 places, 2380 maisons. *Extrà*...... 45.... 10...... 660.

En total... 163 rues, 20 places, 3040 maisons.

86. Il y existe une multitude de ponts, tant en pierre qu'en bois : aussi Beauvais a-t-il été nommé, dans le moyen âge, *Villa pontium.* L'un de ces ponts tire son nom de Jean de *Lignères*, qui se signala en 1433 pour la défense de la ville. (Voy. n.° 151.)

Climat, Salubrité.

87. Le climat de cette ville est tempéré. Quoique située dans un fond, elle n'est pas aussi malsaine qu'on pourrait le croire, parce qu'elle est à l'abri des vents du midi, et que les eaux du Thérain sont en général fort vives. On y compte un assez grand nombre de vieillards : on cite même, comme une preuve de la longévité dans ce pays, qu'entre 200000 pélerins qui se rendirent à Rome lors du premier jubilé, il s'en trouva deux de Beauvais âgés de 107 ans.

88. On dit aussi que le roi Charles VI, étant tombé malade à Amiens d'une fièvre chaude, fut transporté à Beauvais pour y prendre un air plus favorable, et qu'en effet il y recouvra la santé.

89. La peste et la suette sont les seules maladies dont fassent mention les mémoires de cette ville. Cette dernière maladie, du genre des fièvres putrides, malignes et inflammatoires, y exerça ses ravages en 1750. Ce fut à cette époque que M. *de Gesvres*, digne évêque

de cette ville, fit preuve d'un zèle et d'un dévouement extraordinaires, en quittant la Cour
pour venir s'enfermer à Beauvais avec son
troupeau malade.

STATISTIQUE.

Étendue du Territoire.

90. Le territoire de la ville de Beauvais est
peu considérable, et s'élève à environ 756
hectares, savoir :

Terres labourables	236
Prés............................	44
Bois............................	60
Vignes	166
Aires...........................	76
Marais	24
Friches.........................	13
Bâtimens, cours, jardins........	102
Chemins et rivières.............	35
TOTAL........	756

Nature du sol, genre de culture et productions végétales.

91. Les *terres* sont fortes, remplies de silex,
de marne et de pierres calcaires. Les grains y
sont abondans et de bonne qualité.

92. Les bas-fonds sont composés d'argile, de
sable et de craie. Ils forment un fonds de terres

qu'on regarde comme les plus fortes du royaume; mais en général le sol en est trop plat et trop humide : aussi les fourrages y sont-ils médiocres.

93. Les *bois* consistent principalement en un taillis assez fourré, nommé le *Bois Quéquet*, situé près de la route de Pontoise, et qui forme une promenade fort agréable pour les habitans de Beauvais.

94. Les *vignes* appartiennent à de petits propriétaires qui les soignent eux-mêmes ou les font travailler par des vignerons. Les ceps sont placés dans des tranchées coupées par des élévations de terre qui servent d'abri et facilitent les moyens de provigner. La nature forte du terrein oblige les vignerons à rapprocher les ceps pour qu'ils ne poussent pas tout en bois.

95. Les récoltes de *vin* sont assez précaires, et le produit en est généralement médiocre. En effet, le vignoble de Beauvais, situé entre les 49.ᵉ et 5o.ᵉ degrés de latitude, ne fournit, par sa position et la manière dont il est cultivé, qu'un vin faible, peu généreux, froid et sur, qui, dépourvu du principe alkoolique, ne peut se conserver long-temps. Cependant quelques cantons en produisent de passable, dont les habitans font même assez grand cas.

Il ne s'en exporte guère. Simon assure néanmoins qu'en 1693 on vint de Reims enlever du vin de Beauvais, de la dépouille de 1691, et qu'il fut vendu jusqu'à 165 le muid (*). On en a beaucoup transporté en 1805 au camp de Boulogne; et, en 1812, tout l'Amiénois enlevait le vin de Beauvais, parce que l'orge était si chère que le vin revenait encore à meilleur marché que la bière. Le prix courant est de 60 à 80ᶠ le muid de 40 veltes ou de trois hectolitres.

96. Le peu de *cidre* que l'on récolte sur le territoire de Beauvais est d'une qualité médiocre; il se vend de 30 à 40ᶠ le muid.

97. Les *aires* sont des jardins légumiers placés à l'est de la ville, entre la route de Paris et celle de Clermont. Cent vingt à cent trente propriétaires se partagent ces terres fécondes. Le nombre des propriétaires et des locataires qui font valoir par eux-mêmes est de soixante-dix à soixante-quinze.

Ces terres sont d'un rapport prodigieux; mais elles consomment une énorme quantité de fumier de toute espèce. Elles rapportent trois à quatre fois par an. Leur estimation totale est

---

(*) Voyez le n.° 379. Ce qui y est dit du vin de Marissel peut aussi s'entendre du vin de Beauvais.

à-peu-près de................... 5oo,ooo^f

qui, à 5 pour 100, donneraient... 25,ooo

tandis que leur produit brut est éva-

lué......................... 192,000

dont il faut retrancher, pour les

frais de culture, environ........ 90,000

ainsi il reste un bénéfice net de... 102,000.

L'industrie de ces exploitans leur procure donc un produit quadruple de.l'intérêt de l'argent à 5 pour 100. D'un autre côté, l'hectare de ces terres se vend 6000 à 65oo^f, et il rapporte jusqu'à 25oo^f, quelquefois même 4000^f par an.

Les aires se cultivent à la bêche et à la four-che; elles exigent les travaux les plus opiniâtres pendant huit mois de l'année : 150 à 200 filles et femmes sont occupées par ces cultivateurs, que dans le pays on nomme les *airiers*.

98. Ce riche terrein produit des pois, des féves, des haricots, des pommes-de-terre, du chanvre et des pommes, dans les terres les moins soignées: les autres produisent une quantité pro-digieuse de raves, radis, laitues, scaroles, chi-corées, romaines, ognons, carottes, poreaux, salsifis, plants de choux à repiquer, choux-pommés, anis, glaïeuls et osiers. Ces plantes, nées dans un terrein aqueux, sont rarement de première qualité : en général, les produits des aires sont abondans mais peu savoureux.

99. Avant le xiv.ᵉ siècle, tous ces terreins étaient incultes, comme les marais d'Allonne et de Marissel le sont encore. A cette époque, les habitans de Voisinlieu les défrichèrent et les convertirent en prairies ; ceux de la poterne Saint-André y cultivèrent des chanvres et des lins. Ils devinrent, dans le xv.ᵉ siècle, ce qu'ils sont à présent, le jardin le plus riche et le plus fécond de la France. Ce terrein aquatique donne des fraîcheurs aux étrangers qui le cultivent ; mais il ne fait aucun mal à ses habitans, dont l'âge se prolonge quelquefois jusqu'à 80 et 90 ans. On y meurt rarement avant 60 ans.

Productions animales.

100. Beauvais fournissait autrefois aux marchés de la Champagne, les plus importans et les plus renommés de ce temps, des brebis et des porcs.

Les *moutons* y sont encore très-beaux et fort recherchés. Leur chair est délicate, et leur laine devient un objet de commerce considérable.

101. Il s'y vend beaucoup de *marée* qui vient de Dieppe. Elle est meilleure qu'à Paris et qu'au port même, parce qu'elle a une journée de voyage qui l'attendrit et la mortifie.

Productions minérales.

102. Il existe dans le faubourg Saint-Jean

une *carrière* considérable; mais l'exploitation n'en est pas suivie.

Population.

103. La population de la ville de Beauvais et de ses faubourgs était, en 1806, de 12791 individus, ainsi distribués entre les deux sections. (Voyez la note du n.° 24.)

SEXES.	SECTION DU NORD et de L'ORIENT.	SECTION DU MIDI et de L'OCCIDENT.	TOTAL.
Garçons	1607	1603	3210
Hommes mariés.	1194	1209	2403
Veufs	133	154	287
Mâles . . .	2934	2966	5900
Filles	1818	1996	3814
Femmes mariées.	1215	1216	2341
Veuves.	299	347	646
Femelles . .	3332	3559	6891
Totaux. .	6266	6525	12791

Le total général, comparé au nombre de maisons, qui est de 3040, revient à 4 $\frac{1}{5}$ par maison.

En ajoutant à cette population celle de Saint-Just et Voisinlieu , qui tiennent immédiatement aux faubourgs, on peut dire que la population totale de Beauvais est d'environ 14000 ames.

Commerce et Industrie.

104. Le commerce de cette ville, quoique considérablement déchu par l'effet de la révolution, est encore assez important. On y compte environ 5o à 6o négocians, ou qualifiés tels sur le rôle des patentes.

L'objet principal de leur commerce consiste dans les *draperies* ou *étoffes de laine* qu'on fabrique à Beauvais : plusieurs autres s'occupent du commerce de *toiles,* qu'on y vient vendre de tous les cantons environnans, où il s'en fabrique considérablement, sur-tout dans ceux de Niviller, Clermont et Saint-Just. Les *laines,* les *indiennes,* les *cuirs,* forment encore des objets de commerce fort importans.

105. Cette ville a toujours été très-commerçante, et a de tout temps entretenu un grand nombre de fabriques. Il est probable même que les Bellovaques s'y établirent pour jouir des avantages que ses eaux et sa position présentent aux manufacturiers.

Il y existait avant la révolution un bureau de merceries où se déposaient toutes les mar-

chandises apportées par les étrangers, et où la
visite en était faite. Il y avait aussi, et il existe
encore, un bureau particulier des marchands,
qui sert au dépôt et à la vente des productions
des fabriques environnantes : elles y étaient sou-
mises à l'examen d'un inspecteur. Une halle
destinée au dépôt et à la conservation des laines
employées dans les fabriques servait alors et
sert encore au même usage.

Nous allons examiner successivement les différentes branches sur lesquelles s'exerce l'industrie des habitans de Beauvais.

Fabriques d'étoffes de laine.

106. Depuis la conquête des Francs, Beauvais eut ses fabriques d'étoffes, comme Amiens,
comme Abbeville, etc.; mais les ravages des
Normands nous en ont fait perdre les traces.

On sait que, vers l'an 800, des moulins à
foulon étaient établis dans le faubourg Saint-
Quentin. Un article du réglement de Philippe II,
en 1182, fait mention des *pandouers*, qu'on
fichait en terre à Beauvais pour y étendre des
draps. On fit dans cette ville, en 1379, des
aunes en bois; auparavant elles étaient de
corde.

L'époque la plus florissante de cette fabrique
dans les temps modernes paraît avoir été celle

de 1780 à 1789. On y comptait alors 7 à 800 métiers battans qui employaient 9 à 10 mille ouvriers.

107. Les étoffes de cette fabrique, qui se répandaient dans toutes les parties de la France, et principalement en Normandie, étaient des ratines, calmouks ou molletons bèges, molletons espagnolettes, molletons rayés à deux faces, et des espagnolettes particulières d'une aussi bonne qualité que celles des fabriques de Darnetal.

108. Cet état a été tellement réduit par la révolution, qu'on compte à peine à présent 200 métiers dans la ville.

Le principal objet de la fabrique actuelle consiste en ratines, espagnolettes, molletons, sommières, étoffes rayées en laine et en fil, flanelles et revêches.

109. Il s'est établi, depuis peu d'années, trois manufactures d'étoffes de laine, où tout ce qui concerne cette fabrication, depuis la filature de la laine jusqu'à la confection et l'apprêt du drap, est exécuté par des mécaniques.

L'un de ces établissemens, où les machines sont mises en mouvement par un manège, est situé au faubourg Saint-Quentin, dont il embellit l'entrée.

Les deux autres ont l'eau pour moteur, et

sont situés sur le Thérain; l'un près des boulevards, derrière la caserne dite de St.-Fran-
çois; l'autre près de Saint-Lucien (n.° 389).
Ce dernier dépend de Notre-Dame du Thil.

110. C'est à Beauvais que se fait l'apprêt des
étoffes d'une grande partie des fabriques du
département. Il y existe 30 à 40 apprêteurs de
toute espèce qui occupent environ 150 ouvriers. On comprend dans ce nombre, outre
les apprêteurs proprement dits, les friseurs,
tondeurs, laneurs, blanchisseurs et teinturiers.
Ces derniers occupent plusieurs beaux établissemens. Leur teinture jouit d'une grande
réputation, dont elle doit une partie à la propriété des eaux du Thérain.

Manufactures de Toiles peintes ou Indiennes.

111. Ce genre d'industrie prit naissance à
Beauvais en 1765 et y a toujours été depuis
très-considérable. En 1786, quatre fabriques
avaient 250 tables battantes, et employaient
plus de 1000 ouvriers. Elles faisaient pour deux
millions d'affaires. Les toiles de coton s'ache-
taient à Lorient; les toiles de fil, dites de demi-
Hollande, se fabriquaient dans les environs de
Bulles : on en tirait aussi de Laval. Les deux
tiers des produits de ces fabriques étaient consommés dans l'intérieur : le surplus se débi-
tait en Italie, en Espagne, en Amérique, etc.

112. Il existe actuellement, tant dans les faubourgs de Beauvais que dans les villages de St.-Just et de Saint-Lucien, qui y tiennent, sept manufactures de toiles peintes. Elles n'occupaient, en 1806, qu'environ 600 ouvriers; mais elles pourraient imprimer annuellement 40000 pièces. Tous les produits qui en sortent sont fort estimés.

La plus belle et la plus vaste de ces manufactures est établie dans l'ancienne abbaye de Saint-Quentin. Il en existe une seconde à l'entrée de ce faubourg, près la tour de Crou.

Deux autres dépendent encore de la ville; l'une au faubourg Basset, l'autre à la poterne Saint-Louis.

Les trois autres établissemens de ce genre, quoique non situés dans l'enceinte de la ville, font partie de son commerce général, et ne peuvent guère en être séparés. L'une de ces manufactures est située au hameau de St.-Lucien, lieu dit les Quatre-Vents (n.° 388), et deux au faubourg de Saint-Just, dont une est fermée depuis quelques années (n.° 402).

C'est sur les bords du Thérain et de ses différentes branches que ces diverses manufactures sont établies.

Blanchisseries et Commerce de Toiles.

113. Plusieurs négocians s'occupent exclu-

sivement du commerce de toile. Quelques autres y joignent une branche d'industrie très-
renommée dans le pays, je veux dire la *blanchisserie*. On compte trois établissemens de ce
genre, dont un au faubourg Saint-Jacques et
deux à Saint-Just. Ces blanchisseries sont fort
estimées. La plus considérable est une de celles
de Saint-Just : elle faisait, il y a quelques années, pour deux millions d'affaires avec l'Espagne, en y transportant les demi-hollandes de
Bulles qu'elle blanchissait.

Manufacture royale de Tapisseries.

114. En 1664, à l'époque où Colbert revi-
vifiait le commerce et les arts, *Louis Hinard*
projeta l'établissement d'une manufacture de
tapisseries à Beauvais (*) ; le gouvernement
lui donna 10,000^l pour faciliter ses premiers
achats, et 30,000^l pour les bâtimens qu'il avait
à faire construire.

On arrêta que, dans la première année, l'entrepreneur emploierait 100 ouvriers, qui, dans
les cinq années suivantes, seraient portés jusqu'à 500. Les deux tiers du tout devaient alors
lui appartenir. Malgré les priviléges et les fa-
veurs qu'il obtint, sa négligence et celle de son
fils laissèrent presque tomber l'établissement.

(*) Voltaire fait mention de cette manufacture dans le chapitre xx
du Siècle de Louis XIV.

Il ne se releva qu'en 1684, sous la direction d'un Flamand nommé *Behacle*, domieilié jusqu'alors à Tournai. Louis XIV lui donna tous les moyens d'établir la manufacture : c'est à lui qu'on doit les grandes et belles tapisseries représentant les actes des apôtres, qu'on voit dans l'église Saint-Pierre. Elles sont faites d'après les cartons de Raphaël : on en admire sur-tout le coloris.

Les ouvriers des Gobelins, que les dépenses de la guerre ne permettaient pas de payer, se réfugièrent à Beauvais en 1693; ils furent recueillis par Behacle, qui les employa. Cet entrepreneur habile mourut en 1704. Ses héritiers continuèrent sa gestion pendant les six années qui suivirent sa mort.

115. Les frères *Filleul*, qui, par lettres-patentes de 1711, gérèrent la manufacture, furent déposés par arrêt de la Cour, du 15 juillet 1722. *Méroux*, qui leur succéda, ne fit qu'aggraver le mal, et quitta l'établissement devant au Gouvernement la somme de 98,000[1].

En 1726, le célèbre *Oudry* céda aux instances de M. de Fagon. Il obtint un bail de vingt ans, rétablit l'école de dessin que Behacle avait fondée, distribua des prix aux élèves : ses succès passèrent toute espérance (n.° 306.)

Depuis 1754 jusqu'en 1780, *Charon* conserva

jusqu'à 5o ouvriers : le Gouvernement fut satisfait de sa gestion.

116. *Demenou* lui succéda; il établit une fabrique de tapis de pied à l'imitation de celle de Chaillot; il augmenta le nombre des ouvriers, qui s'élevait à 120 en 1788 : les produits de ces ateliers ornèrent les plus riches salons, et se répandirent chez l'étranger; mais la révolution ne lui permettant plus de débiter ces marchandises précieuses, il résilia son bail en 1792.

117. Alors le Gouvernement fit gérer pour son compte. Le ministre Bénézech parvint à relever cette manufacture de sa chute presque complette; et, pour y parvenir, les corps administratifs demandèrent qu'on n'y fabriquàt plus de tapis de pied, genre inférieur, qui gâtait les ouvriers et faisait dégénérer l'établissement de ce qu'il devait être. On sentit qu'avec les tapis, Beauvais serait bientôt au-dessous d'Aubusson, sur lequel il avait toujours eu le pas et la préférence.

118. La manufacture des tapisseries de Beauvais, plus ancienne de trois ans que celle des Gobelins, jouit d'une grande célébrité; elle est le *diamant* de la ville, si j'ose employer cette expression; il ne lui manque que de beaux tableaux pour égaler les Gobelins. On pourrait y exécuter les plus grands sujets, quoiqu'en

basse-lice : cependant elle a été plus connue jusqu'ici par des vases, des portraits et de jolies tentures de pastorales et de fêtes champêtres recherchées jadis dans toute l'Europe. On y exécute sur-tout des meubles d'une fraîcheur, d'un coloris inimitable.

Les ouvrages nombreux qui y ont été exécutés pour plusieurs souverains, dans les dernières années qui ont précédé la révolution, ont fait beaucoup d'honneur aux ouvriers qu'elle occupe.

Elle possède une riche collection de modèles, dont plusieurs lui ont été donnés par Louis XVI; ce sont des tableaux d'histoire des meilleurs peintres de l'ancienne académie royale de Paris.

Manufacture de Tapis de pied.

119. L'établissement formé par M. Demenou à la manufacture de tapisseries, pour la fabrication des tapis de pied, a cessé, comme nous l'avons vu (n.° 116), en 1792. Dix ans après, M. De-Belderbusch, alors préfet du département, fit renaître cette manufacture qu'il établit dans le local de l'ancienne église de la Madeleine.

On n'y fabriqua d'abord que des tapis fins, façon de Chaillot : mais on exécutait les dessins les plus riches.

Il s'y fabrique actuellement des tapis de la première qualité, d'après les dessins de MM. Fontaine, Bonvalet, Brognard et Percier; des tapis moins chers, façon d'Aubusson, et supérieurs, pour l'exécution, à ceux de cette fabrique ; une quantité considérable de petits tapis de lits, cheminées, secrétaires, voitures, et de tabourets appelés *pluch*, genre nouveau qui a été perfectionné à Beauvais en 1812, et qui présente à l'œil le même résultat que la fabrication des tapis veloutés : il a l'avantage de réunir à la solidité, l'exécution de toutes sortes de dessins en petit, de revenir à bon marché, et d'être plus épais qu'aucun genre de tapis.

Cette manufacture produit encore dans le commerce des tapis pour escalier, pour salle à manger, antichambre, etc., appelés *jaspés*, ou *point de Hongrie*, qui, à la vérité, ne représentent aucun dessin, puisque ce ne sont que des fils verts et noirs, ou de toute autre couleur, joints ensemble, qui font le tapis : ils se vendent à la pièce, et peuvent se détailler au mètre courant. Ces tapis ont l'avantage d'être bien plus solides que la moquette, et de coûter bien moins cher.

On emploie dans les ateliers de cette manufacture environ 40 ouvriers.

Autres branches d'Industrie.

120. Les *tanneries* de Beauvais sont très-renommées. On y compte 12 tanneurs ou corroyeurs, et 4 mégissiers.

121. Ce fut en 1614 qu'on établit une *imprimerie* à Beauvais. Il n'y en avait point auparavant. *Philippe Leclerc*, principal du collége, en fit les frais. Elle était en pleine activité en 1618, et travaillait à un missel, sous la direction de Jean de Chambly. On compte à présent dans cette ville 2 imprimeurs et 6 libraires.

122. On attribue aux habitans de Beauvais l'invention de la *cire verte*. Mais il ne reste plus dans cette ville aucune trace de cette fabrication.

123. On remarque encore à Beauvais plusieurs fabriques de *bas au métier*, quatre *brasseries*, et trois établissemens de *bains*.

124. On y compte 11 moulins à eau, dont 8 à blé, 2 à tan, et un à frise et à ciment. Ce dernier se nomme le *moulin à l'huile*, parce qu'il est construit sur l'emplacement d'une ancienne huilerie. Des 8 moulins à blé, il y en a un dans l'intérieur de la ville, 6 aux portes et sous les murs des remparts, et un dans le faubourg St.-Quentin.

Foires et Marchés.

125. Charles V avait établi, en 1360, deux

foires à Beauvais, l'une à la mi-mai, l'autre le
3 novembre; mais ses lettres-patentes n'eurent
pas leur effet.

Henri II, étant à Beauvais en 1555, y établit,
par lettres du 24 novembre, un *franc-marché*,
qui fut fixé au premier samedi de chaque mois,
et en cas de fête au samedi suivant. Ce marché,
qui subsiste encore, est ainsi nommé, parce
que, dans l'origine, on y vendait certains objets, et notamment du vin en gros, en exemption de droits. C'est actuellement une foire considérable, qui attire un nombre infini d'étrangers, et où il se vend quantité de comestibles
de toute espèce, beaucoup de mercerie, de
friperie et de chaussures. On y vend aussi beaucoup de bestiaux, et sur-tout des chevaux et
des porcs. La laine et la toile forment encore
des objets très-importans de ce franc-marché.

126. Le *marché* au blé a lieu les mercredis
et les samedis; mais il est beaucoup plus fort le
samedi. Indépendamment des grains de toute
espèce, il se vend, sur la grande place où se tient
ce marché, des merceries, de la friperie, des
comestibles, etc., sous des échopes connues
dans le pays sous le nom de *haillons*. On vend
le beurre, les œufs, la volaille, et la toile, sur la
place Saint-Michel, les fourrages sur celle de
Saint-Etienne. Ces différens objets se vendent

également le jour du franc-marché, qui n'est qu'une extension considérable du marché du premier samedi du mois.

Poids et Mesures.

127. Les mesures anciennement usitées sur le marché de Beauvais, pour les grains de toute espèce, étaient :

Blé et Seigle.	Le sac ou setier de 6 mines, qui vaut	1$^{\text{hect.}}$ 80$^{\text{lit.}}$ 21
	La mine, de 32 pintes $\frac{1}{4}$ de Paris	0 50 03
Orge.	Le sac, de 4 mines	1 50 17
	La mine, de 40 p. $\frac{1}{16}$	0 37 54
Avoine.	Le sac, de 4 mines	1 80 21
	La mine, de 48 p. $\frac{1}{8}$	0 45 05

Les nouvelles mesures, comparées aux anciennes, valent, savoir :

Blé et Seigle	L'hectolitre	3$^{\text{mines.}}$ $\frac{1}{3}$
	Le décalitre	$\frac{1}{3}$
Orge.	L'hectolitre	2 $\frac{2}{3}$
	Le décalitre	$\frac{27}{100}$
Avoine.	L'hectolitre	2 $\frac{22}{100}$
	Le décalitre	$\frac{22}{100}$

Les autres mesures, anciennement en usage dans le commerce de cette ville, sont :

Pour les Etoffes, la Toile, etc,	L'aune de Paris, qui vaut. . .	1$^{\text{mèt.}}$ 188
	ou en nouvelle aune. . .	1$^{\text{aun.}}$ $\frac{1}{100}$
	Le mètre vaut, en aune ancienne.	$\frac{84}{100}$
	et en nouvelle.	$\frac{99}{100}$

4

Pour les liquides	Le muid de 40 veltes, revenant à..............	$2^{\text{hect.}}$ $98^{\text{lit.}}$ 02
	La velte, de 8 pintes	7 45
	La pinte de Paris	0 93
	L'hectolitre vaut	$107^{\text{pin}^{\text{te}}}$ $\frac{1}{3}$
	Le litre	1 $\frac{1}{13}$

Pour le Bois.	La corde de 8 p.^{ds}, ou 107 p.^{ds} cubes $\frac{1}{9}$, revenant à.....	$3^{\text{stèr}}$69
	Le stère vaut.........	2^{pieds} $\frac{1}{6}$

Poids.	Millier : 10 quintaux.....	$489^{\text{kil.}}$ $506^{\text{gr.}}$
	Quintal de 100 livres	48 951
	Livre de 16 onces (elle était jadis de 14 et de 15 onces; mais, depuis un certain nombre d'années, le poids de 16 onces était généralement usité)	0 490
	Once..............	0 031
	Le kilogramme.........	$2^{\text{liv.}}$ 5^{gros} $\frac{1}{2}$
	La livre nouvelle.......	1 2 $\frac{3}{4}$
	L'hectogramme........	0 $3^{\text{onc}}2^{\text{gr}}$

Quant aux mesures agraires, voyez le numéro 14 (*).

Contributions.

128. Voici le tableau des contributions directes payées par la ville de Beauvais pour

---

(*) La nature de cet ouvrage ne comporte pas de plus grands détails sur cet objet. On trouvera ceux dont on aura besoin, dans la 4.ᵉ édition des Tableaux de comparaison des mesures du département de l'Oise, par D.-J. Tremblay.

l'exercice de 1814, non compris les centimes extraordinaires et non permanens.

NATURE des CONTRIBUTIONS DIRECTES.	PRINCIPAL pour 1814.	CENTIMES additionnels ordinaires.	TOTAL.
	f.	f.	f
Foncière	31,110	12,975	44,085
Personnelle et mobil.^{re}	30,320	11,986	42,306
Portes et Fenêtres. . .	25,124	3,341	28,465
Patentes.	23,859	1,193	25,052
TOTAUX . . .	110,413	29,495	139,908

Les $\frac{9}{10}$ de la contribution foncière portent sur les maisons et usines, et $\frac{1}{10}$ seulement sur les propriétés rurales. Cette dernière partie, supportée par 638 hectares imposables, revient à 6^f 91^c par hectare.

La contribution personnelle et mobilière, comparée à la population, revient à 3^f 30^c par individu; celle des portes et fenêtres à 9^f 26^c par maison; et les patentes, payées par 1066 contribuables, donnent 23^f 49^c pour la part de chacun.

129. Il y a un octroi municipal depuis le 14 brumaire an 8 (5 novembre 1799). Il est en régie simple, et son produit présumé est de 100000^f.

HISTOIRE.

Antiquité de la Ville de Beauvais.

130. Cette ville appartenait aux Bellovaques, peuples Gaulois, dont parlent les Commentaires de César. Simon prétend qu'elle fut
le *Bratuspantium* des anciens; mais M. Cambry établit que cette cité, dont les Commentaires font mention, était située dans les environs de Breteuil.

Quelques auteurs assurent que Beauvais fut
bâtie par Bellovèse, neveu d'Ambigat, roi des
Gaules, vers l'an 164 de Rome.

D'autres en attribuent la fondation à Bel-
gius, 14.ᵉ chef des Gaulois, et prétendent y
retrouver l'ancienne *Belgion*, capitale de la
Gaule belgique.

131. Sans rien préjuger sur ces diverses opi-
nions, on peut dire que cette ville est d'une
haute antiquité; et de nombreux monumens
ne permettent pas d'en douter.

Des vestiges considérables, trouvés, en
1635, au mont Caperon, situé à 200 mètres
de la ville, vers le nord-est, attestent qu'il existait un temple sur cette hauteur. On soupçonne
qu'il était dédié à Bacchus. Les anciens murs
de la ville furent faits des débris de ce vaste

édifice, dont la façade était, dit-on, égale en longueur à celle du Louvre. On a trouvé sur ces ruines, des frisés, des colonnes, des chapiteaux, des ornemens du meilleur style, qui prouvent d'une manière irrécusable le long séjour des légions romaines dans ces contrées.

En fouillant, en mars 1696, à quatre mètres de profondeur, pour établir le cloître des Ursulines, on trouva beaucoup de décombres de bâtimens anciens, qui prouvèrent que la ville s'étendait jusques dans les prairies. A ces décombres se trouvaient joints des creusets de Savignies et des tuyaux à couler les métaux. La disposition de certains fourneaux fit croire qu'un hôtel des monnaies avait occupé cette place.

Quand on jeta les fondemens de l'hôtel-de-ville, en 1753, on trouva, dit-on, les vestiges d'un monument élevé en l'honneur de l'empereur Adrien, et beaucoup de médailles.

132. Beauvais, comme plusieurs autres villes anciennes, offre cinq ou six reconstructions. On trouve, à trois mètres de profondeur, des rues anciennes et des pavés du tems des Gaulois. Des enceintes de vieux palais, situés dans le voisinage de la préfecture, sont à coup sûr un travail du premier tems de la conquête des Romains. L'empreinte de leurs instrumens et

le grènetis qu'ils traçaient s'y voient encore.
Sur ces ruines sont d'autres monumens de la
première race de nos rois. Le beffroi de la cathédrale était assis sur un massif romain : l'ancienne église de la basse-œuvre (n.° 61), autrefois temple des païens, était remarquable par
ses arcades à plein cintre, par une succession
d'assises de pierres et de grandes briques, par
une espèce d'*opus reticulatum*, par des statues
mangées par le tems, dont la nudité absolue
ne pouvait appartenir qu'aux jours du paga-
nisme. Enfin, des médailles et des médaillons
de Posthume, trouvés dans les fondemens des
murailles, avec cette inscription : *Restitutori
Galliœ;* tout atteste que Beauvais fut possédé
par les Romains.

133. Cette ville, ainsi que plusieurs autres
cités anciennes, a porté le nom de *Cœsaro-
magus,* ou ville de César. Ce grand-homme
s'en empara 54 ans avant J.-C.

Mais ce nom, qu'elle ne paraît pas avoir
porté long-tems, n'a pu appartenir qu'à la
partie de la ville actuellement appelée la *cité.*
(Voyez n. 66.) Du tems de Constantin, Beauvais se nommait *Civitas Bellovacorum.* Le Capitulaire de Charlemagne la nomme *Belvacus;*
Hincmar l'appelle *Belgivagus,* Aimoin *Bel-
vagus,* d'autres *Bellovaci, Bellovacum,* etc.

Histoire de la Ville, ou événemens remar-
quables relatifs à cette Cité.

134. Nous ne nous arrêterons point à des faits
douteux ou apocryphes, tels que la prétendue
résidence de Constantin à Beauvais, la surprise
de cette ville par Attila, et la défaite de 600,000
hommes lorsque Clodion s'en empara.

Mais il est certain que ce fut vers 471 que
Chilpéric fit, comme vainqueur, son entrée
dans cette cité.

135. Il s'y tint en 845 un concile ou synode,
où Hincmar fut élu archevêque de Reims, en
présence de Charles-le-Chauve.

136. En 850, Oschéri brûla Beauvais; mais
la ville fut bientôt réparée, ou n'avait pas été
entièrement détruite, puisque, 30 ans après,
elle servait d'asyle contre les incursions des
Normands.

137. En 881, les Normands s'avancèrent jusqu'à Beauvais en ravageant ses environs. En
883, ils fixèrent dans cette ville leur quartier
d'hiver. En 886, elle servit d'asyle aux habitans de Pontoise que Sigefroy chassait de leur
pays.

138. On ne sait par quel accident Beauvais
brûla en 886.

139. Il a été frappé à Beauvais, vers 900, du
tems de Charles-le-Simple, des pièces de mon-

naie d'argent portant pour légende *Belgevacus civitas.*

140. En 923, en 925, cette ville fut encore pillée par les Normands.

141. En 1018, un incendie considérable en détruisit une partie.

142. Un concile y fut tenu en 1034.

143. La cité de Beauvais, après avoir été assiégée pendant deux ans, fut prise en 1109 par Louis-le-Gros.

144. En 1114, il fut tenu un concile national à Beauvais par Conon, légat du pape Paschal II, qui y en tint deux autres en 1120 et 1124.

145. Un autre synode y fut tenu en 1161 : on y discuta quel pape on reconnaîtrait en France, à cause des différends survenus entre Alexandre III et Victor IV.

146. Cette ville fut encore la proie des flammes en 1180.

147. Le chœur de St.-Pierre fut aussi brûlé en 1225.

148. L'an 1232, saint Louis vint à Beauvais, et y passa cinq jours pour appaiser les désordres occasionnés lors de l'élection d'un maire. Il y eut des démêlés avec l'évêque Milon ou Miles, qui osa l'excommunier.

149. Froissard dit que la *Jacquerie* de Beau-

vais, qui, en 1358, sous le roi Jean, était conduite par un capitaine de Beauvais, nommé *Jacques*, aurait pu composer un corps de plus de 100,000 hommes, s'ils eussent été tous réunis (*).

150. En 1432, le comte d'Arondel, qui tenait, avec 2000 Anglais, la ville et le château de Gerberoy, inquiéta Beauvais.

151. Le 7 juin de l'année suivante, jour de la Trinité, les Anglais surprirent la porte de l'Hôtel-Dieu (actuellement porte d'Amiens), et tuèrent *Jacques* de *Guehengnies*, lieutenant du capitaine de la ville, qui, avec *Jean de Lignières*, d'une des premières familles du pays, avait fait échouer leur entreprise : le premier s'était opposé avec force à leur entrée, en soutenant avec quelques soldats leur effort à toute outrance; l'autre eut la présence d'esprit de couper adroitement la corde qui soutenait la herse de fer pendante entre les deux portes; ce qui fut cause que tous les ennemis qui s'étaient déjà introduits dans la ville furent

---

(*) Delolme donne une autre origine au nom de *Jacquerie*. «Lorsque le gentilhomme pillait et rançonnait le paysau, il l'appelait par dérision *Jacques Bonhomme*». Cela donna lieu, dit-il, à une sédition furieuse qui fut appelée *la Jacquerie*. Elle commença à Beauvais, en 1357; elle s'étendit dans plusieurs provinces de France, et ne fut apaisée que par la destruction d'une partie de ces malheureux, qu'on massacra par milliers. (Const. de l'Angl., ch. 2.)

mis à mort par les habitans. C'est en mémoire
de cet événement que fut instituée la procession qui se faisait autrefois le jour de la Trinité à la porte de l'Hôtel-Dieu.

152. La même année, pour se venger, les
habitans de Beauvais, conduits par un nommé
Richarville,, surprirent le château de Rouen,
qu'ils rendirent ensuite faute de secours : malgré sa promesse, le comte d'Arondel fit déca-
piter l'un après l'autre ceux qui s'en étaient
emparés.

153. En 1472, la résistance des habitans de
Beauvais contre les efforts du duc de Bourgogne Charles-le-Hardi ou le Téméraire, les cou-
vrit de gloire : ce prince, à la tête de 80 mille
hommes, les attaqua le 27 juin. Ils résistèrent
avec un sang froid, une sagesse, un courage
inexprimables. C'est à ce siége que *Jeanne
Laisné*, dite *Fourquet*, surnommée depuis
Jeanne Hachette, s'empara, sur la brêche,
d'un étendard appartenant aux Bourguignons:
on assure qu'elle versait sur l'ennemi des flots
de poix fondue, d'huile bouillante, de chaux
vive, et que, prévoyante autant qu'intrépide,
elle faisait préparer elle-même la nourriture
des soldats qui combattaient à son exemple:
toutes les ruses, tous les efforts des Bourguignons, échouèrent contre le patriotisme de

cette héroïne et le courage de quelques braves. Philippe de Comines a dit « que jamais place » n'avait été mieux attaquée, ni mieux dé- » fendue. »

La faute principale du duc de Bourgogne fut d'avoir négligé d'investir la ville du côté de la porte de Paris. C'est par là que tous les secours y arrivèrent.

Le siége fut levé le 22 juillet, et Charles se retira par Poix, Eu et Saint-Valery.

On raconte que le duc de Bourgogne, faisant remarquer un jour du siége, aux ambassadeurs d'Angleterre, le superbe parc d'artillerie qu'il avait, disait que c'étaient là les clefs des bonnes villes de France. Le fou qui le suivait fit sem- blant de chercher quelque chose parmi les pièces de cette artillerie; Charles lui demandant ce qu'il cherchait : *Ce sont les clefs de Beau- vais,* dit-il tout haut, en présence de ces am- bassadeurs, *et je ne puis les trouver.*

154. C'est en faveur de cette glorieuse dé- fense que Louis XI, par lettres-patentes don- nées à Senlis le 22 février 1473, accorda à Jeanne Laisné, fille de Matthieu Laisné, et à Colin Pilon qu'elle venait d'épouser, l'exemption de toutes tailles et charges publiques.

La ville obtint aussi à cette occasion les plus grandes prérogatives : elle fut d'abord affranchie de toute taille et de toute imposition ; depuis on donna le droit aux Beauvaisins de posséder des fiefs sans payer de droits au roi, sans être obligés de fournir des hommes en tems de guerre.

Ces priviléges, approuvés par Charles IX, par Henri-le-Grand, par Louis XIII, se perdirent dans les siècles suivans, si ce n'est l'exemption de la taille, qui s'est toujours conservée (en droit) jusqu'à la révolution.

C'est aussi en mémoire de ce siége qu'il se faisait, avant la révolution, le 27 juin de chaque année, une procession générale dite de . *l'Assaut.*

155. Une autre procession fut instituée par lettres-patentes de Louis XI, pour le 14 octobre, jour de Sainte-Angadrême, au mérite de laquelle on attribua la levée du siége. Par ces lettres, données à Amboise, au mois de juin 1473, le roi ordonna que les femmes précéderaient les hommes à cette procession, ainsi qu'à l'offrande de la messe; qu'en outre toutes les femmes et filles pourraient, le jour de leurs noces, et aussi souvent que bon leur semblerait, prendre tels atours, vêtemens, joyaux et habillemens qu'elles voudraient. Cette procession, interrompue pendant les premières années de la révolution, se fait actuellement,

tous les ans, le dimanche le plus proche du 14 octobre, en exécution d'un décret du 12 décembre 1806.

156. Deux monùmens conservent la mémoire d'une époque dont les Beauvaisins ont droit de s'énorgueillir : le premier, c'est le drapeau même enlevé sur la brêche par Jeanne Hachette : il est déposé à l'hôtel-de-ville, et tous les ans il est porté par les jeunes filles à la procession de sainte Angadrême.

Le second est un tableau infiniment précieux à la ville sous tous les rapports ; il a $4^m 22^c$ (13 pieds) de large, sur $3^m 25^c$ (10 pieds) de haut, et représente l'action étonnante de l'héroïne de Beauvais : on l'y voit, la hache dans une main, s'emparant de l'autre d'un étendart que retient encore le bras d'un soldat abattu.

Ce tableau, vraiment dans le grand genre, d'une composition sage et correcte, d'une ordonnance digne du Dominiquin, a fait et fera toujours beaucoup d'honneur au pinceau de *Barbier* l'aîné, membre de l'ancienne académie royale de peinture et de sculpture de Paris.

Ce peintre célèbre l'avait fait pour Louis XVI, qui, à la demande de M. *de la Rochefoucauld,* évêque de Beauvais, le donna à la ville, en décembre 1788. Elle le reçut avec reconnaissance, et le fit placer dans la salle principale de l'hôtel-de-ville, où on l'admire encore aujourd'hui.

157. En 1477, le roi de Portugal passa à Beauvais et y fut reçu dans l'église.

Le 22 novembre 1555, le roi Henri II vint à Beauvais, où il fut reçu avec magnificence.

158. Vers l'an 1580, au milieu des guerres de la ligue, les habitans de Beauvais refusèrent, sans rien entreprendre, de servir sous Henri III, mais ils se rendirent volontairement à Henri IV. Lorsqu'ils surent que ce prince était à Amiens, ils allèrent au-devant de lui, et conclurent un traité qui fut signé le 22 août 1594.

159. La ville fut ravagée par une peste violente en 1623; elle y régnait encore en 1637.

Deux inondations considérables, l'une en 1658, l'autre en 1692, emportèrent les ponts et les moulins des portes de Paris et de Saint-Jean.

Il mourut en 1693 plus de 3000 personnes dans la ville, et le blé y valut jusqu'à 12^f la mine.

160. Le czar Pierre passa à Beauvais en 1717, mais il ne voulut pas s'y arrêter, quoique l'évêque lui eût fait préparer un repas somptueux. On lui représentait que, s'il passait outre, il ferait mauvaise chère : « J'ai été soldat, » répondit ce prince, et, pourvu que je trouve » du pain et de la bière, je suis content. »

161. Il ne se passa rien de remarquable depuis cette époque jusqu'à la révolution, pendant les orages de laquelle il n'y eut dans cette ville aucun événement extraordinaire.

162. Le 14 juillet 1800 (25 messidor an 8) a été posée par M. Cambry, alors préfet, sur la grande place de Beauvais, la première pierre de la colonne destinée à inscrire les noms des braves du département de l'Oise morts à l'armée. On plaça dans une boîte de bois de cèdre du Liban, non-seulement des monnaies du temps, mais des médailles de Marc-Aurèle et de Constantin, trouvées près de Breteuil et de Senlis.

Notes historiques sur l'administration et le gouvernement de la Ville, et sur les prérogatives y attachées.

1.° *Comtes et Évêques.*

163. On voit, par les capitulaires de Charlemagne, que, sous son règne, il y avait un comte de Beauvais autre que l'évêque; les comtes, dans la suite, se rendirent héréditaires. Les évêques leur succédèrent dans cette dignité. Le comté était devenu, par la voie d'un échange, la propriété de l'église de Beauvais : auparavant, les biens de la manse épiscopale et ceux de la manse capitulaire étaient confondus; depuis, ils furent divisés : la glèbe, ou le domaine du comté, fut partagée entre

l'évêque et le chapitre. Le titre de comte,
et la pairie qui y était inhérente, restèrent à
l'évêque; le premier qui posséda ces titres fut
Roger, qui vivait du temps du roi Robert; il
les transmit à ses successeurs, qui portèrent
toujours le titre d'évêques et comtes de Beauvais, pairs de France.

164. L'évêque de Beauvais jouissait de très-
belles prérogatives. Il était le premier des trois
anciens comtes-pairs ecclésiastiques. Au sacre
du roi, il portait le manteau royal. Philippe
de-Dreux fut le premier qui reçut cet honneur.
C'était en 1179, au sacre de Philippe-Auguste.

165. On prétend même qu'anciennement les
évêques de Beauvais et de Laon avaient le droit,
lors du sacre du roi, de demander au peuple
si le prince qu'on allait sacrer lui était agréable.

166. L'évêque de Beauvais avait aussi le titre
de vidame (*) de Gerberoy. Il était seigneur
temporel d'une partie de la ville, à cause de

(*) Le mot vidame vient de vice dominus, vice-seigneur. Cette
qualification n'appartint d'abord qu'à ceux qui exerçaient les droits
d'un seigneur absent. Elle s'appliqua ensuite aux seigneurs eux-mêmes.
Les vidames de Gerberoy furent d'abord des espèces de lieutenans
du seigneur de Gerberoy. Sous Hugues-Capet, ils devinrent seigneurs
héréditaires du vidamé, relevant de l'évêque de Beauvais. Mais, à la
fin du xii.e siècle, Guillaume et Pierre, derniers vidames, étant
morts sans héritiers mâles, Philippe de-Dreux, alors évêque de Beauvais, réunit le vidamé à son évêché, par puissance de seigneur do-
minant.

son comté; mais il n'était pas seigneur de tout le domaine du comté. Pendant long-temps il y exerça en quelque sorte l'autorité souveraine. Même dans les derniers temps, le maire et les pairs de la ville étaient obligés, lors de son entrée et de sa réception, de lui en présenter les clefs. Le détail des cérémonies de cette réception est fort curieux, mais serait déplacé dans cet ouvrage. (Voy. Loisel, p. 127.)

167. Il y eut de nombreuses et longues discussions entre l'évêque, les bourgeois et le roi, au sujet de la jurisdiction respective de chacun. Elles s'appaisèrent par un accord entre les parties, de l'an 1182. Ils reconnurent l'évêque seigneur de la ville, et lui laissèrent la garde des murs, des forteresses et des clefs; il eut le droit de visite sur les poids et balances des drapiers, celui d'élire les jurés qui désignaient aux officiers les draps mal façonnés que la loi condamnait au feu, à être livrés à l'Hôtel-Dieu, ou vendus en détail en plein marché.

168. La police sur le pain appartenait à l'évêque. Un arrêt de 1281 lui attribue aussi la justice de toute la commune. D'autres arrêts ont apporté diverses modifications dans les droits respectifs de l'évêque, des maires et pairs de la ville.

5

169. L'évêque de Beauvais avait, dans les XIII.ᵉ et XIV.ᵉ siècles, le droit de battre monnaie; elle avait cours forcé dans tout son diocèse; elle était composée de $\frac{2}{3}$ d'argent pur et $\frac{1}{3}$ d'airain.

170. Dans le XIV.ᵉ siècle, l'évêque de Beauvais fut autorisé par le parlement à faire prendre et arrêter en passant le poisson dont il avait besoin pour sa maison. On en transportait à cette époque des côtes de l'Océan à Paris : mais il paraît qu'antérieurement Paris n'en recevait point ainsi ; car les évêques de Beauvais étaient en possession de faire une espèce de cadeau à nos rois, en leur envoyant de temps en temps un cheval chargé de cette denrée.

2.º *Maires et Pairs de la Ville.*

171. César, et après lui *Hirtius Pansa, de bello Gallico, lib.* 8, parlent du sénat de Beauvais.

172. Du temps de Charlemagne, il y avait des échevins à Beauvais; car cet empereur envoya, en 823, trois de ses officiers pour tenir les états avec les échevins.

173. Philippe-Auguste, par une charte du mois d'août 1182, rétablit les *maires* de Beauvais dans l'état où ils étaient anciennement.

174. Les pairs étaient autrefois au nombre de treize, parmi lesquels on élisait un maire, à l'exemple de la plupart des villes des Gaules.

Depuis Philippe-Auguste, les habitans de Beauvais ont été constamment gouvernés par ce maire et les douze pairs qui étaient renouvelés tous les ans. Le nombre des pairs fut réduit à six vers la fin du XVIIe siècle. La forme de leur élection présente des détails curieux, mais ils sont trop étendus pour être rapportés ici. (Voyez Loisel, page 175.)

175. Le roi nommait un capitaine ou châtelain de la ville de Beauvais. Le lieutenant de ce capitaine avait, ainsi que le maire, une des clefs de chaque porte : ils se trouvaient ensemble à l'ouverture et à la clôture des portes.

Depuis, ce fut l'évêque qui eut la garde des clefs de la ville. Philippe-le-Hardi lui confirma, en 1276, *Dominium portarum et clavium.*

176. La ville de Beauvais possède, depuis un temps immémorial, la prérogative d'offrir un mouton au roi le premier jour de l'an.

3.º *Armoiries de la Ville.*

177. Avant la révolution, la ville de Beauvais portait pour armoiries : *De gueules, au pal d'argent,* avec cette légende :

Palus ut hic fixus, constans et firma manebo.

Ce témoignage honorable de sa fidélité envers ses souverains lui a été conservé dans les nouvelles armes qu'elle a obtenues par lettres-patentes du 23 avril 1812. En voici la description textuelle :

« De gueules, au pieu posé en pal, d'argent;
» franc-quartier des villes de seconde classe,
» qui est à dextre d'azur à un N d'or, surmonté
» d'une étoile rayonnante du même, brochant
» au neuvième de l'écu, et pour livrées les
» couleurs de l'écu. Les ornemens extérieurs
» consistent, comme ceux des autres villes
» de même classe, en une couronne murale,
» à cinq créneaux d'argent pour cimier, tra-
» versée en fasce d'un caducée contourné du
» même, auquel sont suspendus deux festons
» servant de lambrequins, l'un à dextre d'o-
» livier, l'autre à senestre de chêne, aussi d'ar-
» gent, noués et rattachés par des bandelettes
» d'azur. »

Notes historiques sur les Établissemens religieux qui existaient à Beauvais, avant la révolution.

178. Il sera peut-être assez curieux de consigner ici l'énumération des églises, et des établissemens religieux existans autrefois dans la ville de Beauvais. Les notes dont nous accompagnerons cette indication succinte pourront en faire un monument historique qui ne sera pas entièrement dénué d'intérêt.

179. On comptait à Beauvais 24 églises principales, savoir :

La cathédrale, dédiée à saint Pierre, actuellement paroisse de 1.re classe, dont nous avons parlé (n.° 60).

Six collégiales, dont deux, Saint-Etienne et Saint-Laurent, servaient en même-temps de paroisses. Les quatre autres étaient :

Saint-Michel, dont l'église, détruite en avril 1810, est remplacée par une rue qui communique de la place St.-Michel à celle du Théâtre.

Saint-Barthélemy, bâtie et fondée par l'évêque Druon vers l'an 1030. Elle sert de magasin.

Saint-Nicolas, fondée vers l'an 1078, par Guy, évêque de Beauvais, supprimée en 1788. Le chapitre a été réuni à la cathédrale, et l'église fut détruite la même année.

Notre-Dame-du-Châtel, ainsi nommée, parce qu'elle était l'église du châtel épiscopal qui y communiquait par une tribune intérieure. On conjecture que le chœur en a été bâti vers 1136. Cette église fut démolie en 1793.

180. Douze paroisses, dont neuf dans l'intérieur et trois *extrà muros*, savoir : Saint-Jacques, détruite en 1799, Saint-Jean, qui existe encore comme oratoire, et S.-Quentin, paroisse annexée à l'abbaye de ce nom. (Page 72.)

Les neuf autres sont :

Saint-Etienne, paroisse conservée, dont nous avons parlé (n.º 62).

Saint-Sauveur, démolie en 1799.

La Basse-OEuvre (n.º 61), qui ne servait que provisoirement de paroisse. Le siége de cette paroisse était dans St.-Pierre même : mais, dans le courant du XVI.ᵉ siècle, les chanoines et les paroissiens, fatigués de la gène mutuelle qu'ils s'apportaient, consentirent à transporter provisoirement l'office paroissial (qui ne pouvait consister que dans une grand'messe) dans la Basse-OEuvre. On devait entendre à St.-Pierre le surplus de l'office : mais il se disait un salut à la Basse-OEuvre pour en tenir lieu.

Saint-André, démolie en 1813.

Saint-Laurent, paroisse et collégiale, bâtie ou fondée en 1030 par l'évêque Druon, démolie en 1798.

Sainte-Madeleine, dont les bâtimens servent actuellement à la manufacture de tapis.

Sainte-Marguerite, détruite en 1792;

Saint-Martin, en 1796,

Et Saint-Thomas, en 1810.

Antérieurement, il y avait deux autres paroisses : Saint-Hippolyte, supprimée en 1472, et Saint-Gilles en 1740.

181. On comptait en outre, dans la ville ou

dans les faubourgs, six couvents d'hommes et deux de femmes, savoir :

Saint-Symphorien, autrefois abbaye de Bénédictins non-réformés, fondée sous l'épiscopat de Druon, vers l'an 1035, occupée depuis par des religieux de la congrégation de la mission, ou Lazaristes, qui y tenaient le séminaire. Elle fut brûlée trois fois pendant les guerres civiles qui désolèrent le royaume.

Les Cordeliers, établis en août 1225, avant la mort de saint François d'Assise, leur fondateur. Leur église fut démolie en 1791.

Les Jacobins, de l'ordre de St.-Dominique, fondés vers l'an 1234 par les châtelains de Beauvais et plusieurs maisons de noblesse. Leur maison est occupée en partie par l'école secondaire ecclésiastique, qui y a été établie en 1813, et qui y tient un petit séminaire.

Les Capucins, établis en 1603, dans une maison près de St.-Gilles, furent transférés hors de la ville au mois de mai 1606. L'église fut détruite en 1791; les autres bâtimens sont sur le point d'être démolis pour faire place à une chapelle qui doit être placée dans le cimetière général (n.° 80).

Les bâtimens occupés par les Minimes, établis en 1618, furent convertis en 1792 en une salle de spectacle. (Voyez n.° 63.)

L'abbaye royale de Saint-Quentin, occupée par des Génovéfains ou chanoines réguliers de l'ordre de Saint-Augustin, dont l'église servait aussi de paroisse, fut remplacée en 1792 par une manufacture de toiles peintes (n.° 75). L'église fut détruite en 1798.

Les sœurs du tiers-ordre de Saint-François, établies en 1480 dans une maison appelée le *Béguignage* (où des femmes et filles nommées Béguignes, à cause de la coiffe ou du béguin qu'elles portaient, avaient été instituées par saint Louis), furent supprimées en 1791, et leur couvent changé en casernes (n.° 334).

Les Ursulines, établies en avril 1627, d'abord dans la grande rue St.-Martin, à l'hôtel de l'Epervier, puis en la paroisse St.-Etienne, furent enfin fixées dans de vastes bâtimens, rue des Jacobins. Pendant la révolution, on y établit l'école centrale du département. Ces bâtimens furent concédés à la ville par arrêté du gouvernement, du 16 frimaire an 12 (8 décembre 1803), pour y établir une école secondaire communale qui prit depuis le nom de collége (n.° 339).

Ouvrages publiés sur la Ville de Beauvais.

182. L'histoire de la ville de Beauvais a été l'objet de différens ouvrages que nous croyons devoir indiquer, avec d'autant plus de raison

que la plupart d'entr'eux nous ont fourni de nombreux et utiles matériaux pour la rédaction de celui-ci.

1.° Histoire de la ville et cité de Beauvais, et des antiquités du pays de Beauvaisis, par P. Louvet. 1609, 1614 et 1631. 2 vol. in-8.°

2.° Histoire et antiquités du diocèse de Beauvais, par P. Louvet. 1635. 1 vol. in-8.°

3.° *Petri* Louvet *nomenclatura et chronologia rerum ecclesiasticarum diœcesis Bellovacensis. Lutetiæ.* 1618. 1 vol. in-8.°

4.° Anciennes remarques de la noblesse beauvaisine, par P. Louvet. 1640. 1 vol. in-8.° très-rare. Cet ouvrage est par ordre alphabétique et ne va que jusqu'à la lettre K.

5.° Mémoires de Beauvais et du Beauvaisis, par Loisel (n.° 229). Paris. 1617. 1 vol. in-4.°.

6.° Supplément aux mémoires de l'histoire du Beauvaisis, par Simon (n.° 238). Paris. 1704. 1 vol. in-12.

7.° Histoire du siége de Beauvais, par Jacques Grévin. 1762. 1 vol. in-8.°

8.° Tablettes historiques du département de l'Oise, par M. Brun (n.° 292). 1792. 1 vol. in-8.°

9.° Description du département de l'Oise, par M. Cambry (n.° 295). Paris. 1803. 2 vol. in-8.° et 1 vol. de planches.

10.° Description topographique et statistique

de la France, par Peuchet et Chanlaire, 1 vol.
in-4.°

183. A ces ouvrages imprimés, qui traitent
tous, soit en tout, soit en partie, de l'histoire
de la ville, il faut ajouter un gros in-folio
manuscrit, que l'on doit aux travaux et aux
recherches de MM. Danse, Bucquet et Borel.
Il contient l'histoire de la ville de Beauvais
pendant les premiers siècles de notre ère. Mal-
heureusement ce travail n'a été porté que jusqu'à l'an 1202. (Voyez n.°ˢ 289, 290 et 291.)

Personnages remarquables.

184. On pourrait former une liste très-considérable des personnages appartenant à la ville
de Beauvais par leur naissance, leur résidence
ou leur mort, qui se sont distingués par leurs
écrits ou actions.

Forcés, par la nature de cet ouvrage, de
faire un choix dans les nombreux articles dont
nous aurions pu composer cette notice, et même
d'abréger de beaucoup ceux que nous avons
employés; obligés, par d'autres considérations,
de ne citer aucun personnage vivant, nous
nous bornerons à présenter, parmi les personnes qui n'existent plus, celles qui nous ont
paru mériter principalement cette distinction:
et leur nombre, encore considérable, nous
oblige de les distribuer sous plusieurs divisions,

en les classant dans chacune d'elles par ordre chronologique (*). Voici les divisions que nous avons cru devoir adopter :

1.º Evêques de Beauvais.

2.º Magistrats, militaires et autres personnes publiques.

3.º Juristes, médecins et autres savans.

4.º Littérateurs, historiens et autres écrivains.

5.º Artistes.

1.º *Évêques de Beauvais.*

185. St. *Lucien*, qui fonda la religion catholique dans le Beauvaisis, vers l'an 250, est regardé comme le premier évêque de Beauvais (n.ᵒˢ 368 et 385).

186. *Odo* ou *Eudes*, 32.ᵉ évêque, souscrivit le synode de Poissy, et fut présent au partage du royaume entre Charles-le-Chauve et Louis son frère, en 870.

187. *Hervée*, 40.ᵉ évêque, fut présent au synode de Reims en 991, fit de grands biens à l'église de Beauvais, et jeta les fondemens du chœur de St.-Pierre.

188. *Roger*, son successeur en 996, avait été chanchelier du roi Robert. Il mourut en

---

(*) La table alphabétique placée à la fin de l'ouvrage indiquera sur-le-champ les articles que l'on désirera connaître, et dont on ignorerait la place.

1024. Ce fut le premier évêque qui porta le titre de comte de Beauvais et vidame de Gerberoy.

189. *Henri*, 55.ᵉ évêque, était fils du roi Louis-le-Gros. Il fut élu en 1148.

190. *Philippe de-Dreux*, petit-fils du même roi, fut le 57.ᵉ évêque. Il était neveu du précédent. Il se croisa en 1187, et se signala devant Acre, en 1191. Il fit aussi la guerre en France contre les Albigeois et les Anglais. Ceux-ci le firent prisonnier près de Milly. Richard-Cœur-de-Lion, roi d'Angleterre, mit sa rançon à si haut prix que le prélat, se voyant dans l'impossibilité de la payer, eut recours au Pape, Célestin III, qui le demanda à Richard, en lui écrivant : *Vous devez me rendre mon fils.* Mais le roi, en envoyant au pape la cuirasse de l'évêque tout ensanglantée, lui répondit par ces paroles de l'histoire de Joseph : *Reconnaissez-vous la tunique de votre fils?* Philippe obtint sa liberté en 1202, et se trouva à la bataille de Bouvines, en 1214. Il s'y servait d'une massue, disant qu'*il serait irrégulier s'il versait le sang humain.* Il mourut à Beauvais, en 1217.

191. *Miles de Nanteuil*, 58.ᵉ évêque, mort en 1234, eut des démêlés avec saint Louis, alla dans la Palestine, fut pris devant Damiette et conduit à Babylone.

192. *Robert de Cressonsacq*, 60.ᵉ évêque, assista, en 1239, au supplice d'un grand nombre d'Albigeois, qui furent brûlés en présence du roi de Navarre. Il fit avec St. Louis le voyage de la Terre-Sainte, et mourut dans l'île de Chypre, en 1245.

193. *Jean de Dormans*, 68.ᵉ évêque, était fils d'un procureur de Dormans. Il devint cardinal et chancelier de France. Le pape Grégoire XI le chargea de négocier la paix entre les rois de France et d'Angleterre. On dit qu'il baptisa Charles VI. Il mourut à Paris en 1373. Il y avait fondé, en 1370, le collége de Dormans, connu sous le nom de Saint-Jean-de-Beauvais.

194. *Miles de Dormans*, son neveu, commandait l'avant-garde de Charles VI dans une bataille que ce prince livra aux Flamands en 1382. Il fut successivement évêque d'Angers, de Baïeux et de Beauvais, et chancelier en 1380. Il mourut le 17 août 1387.

195. *Pierre Cauchon*, qui fit faire le procès à la pucelle d'Orléans, était fils d'un vigneron, et devint évêque de Lisieux et de Beauvais. Il mourut subitement en 1441, en se faisant faire la barbe. Le pape l'excommunia après sa mort. On l'appelait l'indigne évêque, l'indigne français et l'indigne homme.

196. *Jean Juvenel des Ursins*, son successeur, concourut à la révision de la sentence
prononcée contre la pucelle. Ce prélat, aussi
distingué par ses vertus que par ses connaissances littéraires, fut successivement évêque
de Beauvais, de Laon et archevêque de Reims.
Il mourut en 1473, à 85 ans, laissant des écrits
assez estimés, notamment une histoire du règne de Charles VI, écrite avec naïveté, et qu'on
regarde comme assez exacte.

197. *Louis de Villiers de l'Ile-Adam*, élu
évêque de Beauvais en 1488, jeta en 1500 les
fondemens de la croisée de la cathédrale, et
fit rebâtir le palais épiscopal de Bresles. Il mourut le 24 août 1521. C'était le frère de Philippe
de l'Ile-Adam. (n.° 216.)

198. *Odet de Coligny*, né en 1515, cardinal
de Châtillon à 18 ans, archevêque de Tou-
louse à 19, et 83.ᵉ évêque de Beauvais à 20,
était frère de l'amiral de Coligny. Il aimait les
lettres, et fut le protecteur de Rabelais et de
Ronsard. Mais, ayant embrassé la religion pro-
testante, Pie IV l'excommunia. Coligny, qui
avait quitté l'habit de cardinal, et qui se faisait appeler simplement le comte de Beauvais,
le reprit et se maria en soutane rouge, en 1564,
à Isabelle de Hauteville, dame de Loré. Il était
alors titulaire de 13 abbayes et de 2 prieurés,

outre son archevêché et son évêché. Persécuté par les Beauvaisins, il passa en Angleterre, puis combattit contre la France à la journée de Saint-Denis, en 1568, et mourut en 1571, empoisonné, dit-on, par son valet-de-chambre.

199. Il eut pour successeur *Charles de Bourbon,* qui obtint d'une faction le titre de roi, sous le nom de Charles X.

200. *Augustin Potier,* 87.ᵉ évêque, fut grand aumônier de la reine Anne d'Autriche, et fonda le bureau des pauvres (n.° 346), qui ne fut néanmoins établi qu'en 1653, trois ans après sa mort, arrivée en 1650. Sa mémoire est en vénération dans la ville de Beauvais.

201. *Toussaint de Janson de Forbin,* 89.ᵉ évêque, créé cardinal en 1690, fut ambassadeur en Pologne, où il eut le talent de faire élire roi le grand maréchal Sobieski. On admire, dans l'église de Saint-Pierre, la statue de ce cardinal, en marbre blanc, sculptée par le célèbre Coustou. (Voyez n.° 60.)

202. *François-Honorat-Antoine Beauvilliers de Saint-Aignan,* 90.ᵉ évêque, mort le 19 août 1752, à 70 ans, a fait un commentaire sur l'Ancien-Testament.

203. *François-Joseph de la Rochefoucauld,* 92.ᵉ évêque de Beauvais, recommandable par ses vertus et toutes ses qualités personnelles, périt à Paris le 2 septembre 1792.

2.⁹ *Magistrats , Militaires et autres Personnes publiques.*

205. *Corræus,* chef des Bellovaques, mort vers l'an 702 de Rome, combattit César, et aima mieux périr que de se rendre.

206. Ste. *Angadresme,* patronne de Beauvais, était fille de Robert, chancelier du roi Clotaire. Elle fonda, dit-on, l'abbaye d'Oroër, et non celle de Saint-Paul, comme quelques auteurs le prétendent, et mourut en 698.

207. *Hugues,* de Beauvais, gouverneur du roi Robert, qui l'appelait son *Educator,* avait presque l'autorité d'un maire du palais. Il fut tué, en 1025, par ordre de la reine Constance.

208. *Berenger de Nully,* le premier des magistrats municipaux dont les annales de la ville fassent mention, était un des *majores,* en 1175.

209. *Aubery,* de Beauvais, évêque d'Ostie, cardinal et légat du pape Honorius III, se croisa et fit le voyage de la Terre-Sainte.

210. *Bergues de Fransures,* gentilhomme de Beauvais, fut capitaine des Latins pendant les croisades, et commanda dans la ville d'Acre. Il fut pris par le roi des Bulgares et mis à mort.

211. *Jean de Villiers de l'Ile-Adam,* né à Beauvais, d'une des plus anciennes maisons de France, s'engagea dans la faction de Bourgogne, et fut fait maréchal de France et gou-

verneur de Pontoise en 1418. Il fut tué à Bruges en 1437 dans une sédition populaire. C'est à tort que quelques auteurs le qualifient de grand-maître de Malte.

212. *Jacques de Guehengnies, Jean de Lignières* et *Richarville*, qui se signalèrent en 1433 (voy. n.ºs 151 et 152), ainsi que *Jeanne Laisné*, dite *Fourquet* et surnommée depuis *Jeanne Hachette* (n.° 153), méritent d'être cités ici au nombre des personnages recommandables par leur courage et leur généreux dévouement. Jean de Lignières a donné son nom à l'un des ponts de la ville (n.° 86).

213. *Gauthier Cassel*, archidiacre de Beauvais, fut notaire du concile de Bâle, en 1438.

214. *Jean Michel*, né à Beauvais de parens pauvres, devint secrétaire du duc d'Anjou, roi de Sicile : il fut ensuite chanoine d'Aix, d'Angers, et enfin évêque de cette dernière ville, où il mourut le 11 septembre 1447.

215. *Philippe de Crèvecœur*, maréchal de France, était de Beauvais. On le nommait le maréchal *des Cordes* ou *des Querdes*. Il fut grand capitaine et habile négociateur. Il disait : « Je consentirais à passer un an ou deux » en enfer, pourvu que je puisse chasser les » Anglais de Calais ». Il fut gouverneur de l'Artois et chevalier de la toison-d'or. Louis XI,

en mourant, le recommanda à son fils comme un homme aussi sage que vaillant. Il mourut à Larbresle en 1494, en allant en Italie avec Charles VIII. Son corps fut transporté à Boulogne.

216. *Philippe de Villiers de l'Isle-Adam*, élu, en 1521, grand-maître de l'ordre de St.-Jean-de-Jérusalem, était de Beauvais. Il commandait à Rhodes, en 1522, lorsque cette île fut assiégée par 200,000 Turcs. La trahison du chancelier de l'ordre l'obligea à se rendre. Charles-Quint lui donna l'île de Malte; et c'est depuis ce temps que l'ordre de Saint-Jean-de-Jérusalem a pris le nom d'ordre de Malte. Philippe mourut en 1534.

217. *Nicolas Pastour*, né à Beauvais, chanoine et chancelier de la cathédrale, donna, le 22 août 1545, un emplacement au chapitre et à la ville pour y établir un collége, dont il se réserva la principalité. Il employa au succès de cette bonne action tout son temps et une partie de sa fortune (n.° 338).

218. *Jean Leconte*, fils d'un drapier du faubourg Saint-Quentin, après avoir été sergent à Paris, puis huissier, auditeur et maître des comptes, fut enfin intendant des finances sous Henri II, François II et Charles IX. On le nommait le seigneur de Voisinlieu. Il mourut à Beauvais, vers l'an 1580.

219. *Nicolas Godin*, maire de Beauvais en 1589, devint, en 1592, lieutenant du duc de Mayenne, et refusa de reconnaître pour roi Henri IV, qui lui permit de se retirer à Bruxelles, où il ne subsista qu'à l'aide d'une pension que lui fit l'Espagne. Il y mourut sans laisser de parens à Beauvais, ou du moins il ne s'est trouvé personne qui voulût avouer sa parenté.

220. *Jérôme Feuquières*, de Beauvais, chevalier de Malte, mourut, en 1622, des suites des blessures qu'il reçut dans plusieurs combats contre les Turcs.

221. *Georges de Nully*, maire de Beauvais, en 1673, rendit à cette ville des services signalés, qui furent célébrés par les muses latines du pays.

222. *Louis Borel*, né à Beauvais le 28 novembre 1656, consacra toute sa vie au service des pauvres. Il s'était fait construire une habitation dans le bureau des pauvres (n.° 346), et voulut que son cœur fût déposé dans la chapelle de cet hôpital. Il était chanoine et vicaire-général de Beauvais, et mourut le 3 août 1745.

223. *Nicolas Le Mareschal de Fricourt*, né à Beauvais le 21 février 1711, occupa pendant 35 ans l'une des premières places de la magistrature de cette ville, et s'y distingua par ses

lumières et sa parfaite intégrité. On lui doit quelques écrits et dissertations historiques. Il mourut à Beauvais le 27 décembre 1771.

3.ᵉ *Juristes, Médecins et autres Savans.*

226. *Jean Loisel,* né à Beauvais, fut médecin des rois Louis XII et François I.ᵉʳ. Il se fit connaître sous le nom de maître *Jean Avis* (l'Oiseau).

227. *Nicolas Tristant ,* célèbre avocat de Beauvais, harangua Henri II, en 1555, lors de son entrée dans cette ville. Il fut l'oracle de son temps, et a laissé, dit-on, de bons mémoires.

228. *Jean Mazille ,* fils d'un barbier de Beauvais, fut premier médecin de Charles IX.

229. *Antoine Loisel,* né à Beauvais en 1536, était d'une famille féconde en hommes de mérite. Il étudia sous P. Ramus et sous Cujas. Il fut l'ami du président de Thou, du chancelier de l'Hôpital et de plusieurs hommes illustres. Il mourut à Paris en 1617, laissant divers ouvrages de jurisprudence, d'histoire, et même des poésies latines. Ses mémoires du Beauvaisis, pleins de recherches curieuses, sont le plus connu de ses ouvrages (n° 182).

230. *Clément Vaillant,* avocat au parlement de Paris, natif de Beauvais, a publié, vers 1600, plusieurs ouvrages de jurisprudence.

231. *Léonard Driot* , avocat à Beauvais , harangua Henri IV à Amiens le 20 août 1594, lorsque la ville de Beauvais se rendit à ce prince (n.° 158). Driot mourut le 21 avril 1622, à 86 ans, laissant quelques ouvrages manuscrits sur la jurisprudence.

232. *Raoul Adrien* , seigneur d'Arion , a laissé quantité de Recueils sur le droit, l'histoire et les belles-lettres. Cet avocat distingué, natif de Beauvais, y mourut en 1626.

233. *Charles de Feuquières* , avocat du roi à Beauvais, est auteur de divers écrits sur la jurisprudence. Il vivait en 1626.

234. *Pierre de Malinguehen* , lieutenant-général à Beauvais, mort le 22 janvier 1668, a laissé de très-bonnes Remarques sur la coutume de Senlis.

235. *Jean-Marie Ricard,* avocat au parlement de Paris, et l'un des premiers jurisconsultes de son temps, naquit à Beauvais en 1622. Il a publié divers traités fort estimés sur la jurisprudence. Ce célèbre avocat, qui écrivait bien et plaidait, dit-on, fort mal, mourut en 1678.

236. *Brocard,* célèbre chirurgien né à Beauvais, a fait à Paris, en 1678, une expérience remarquable pour la dissolution de la pierre.

237. *Jean-Foy Vaillant,* né à Beauvais en

1632, célèbre antiquaire, aussi respectable par son caractère que par son savoir, a publié un grand nombre d'ouvrages sur la science des médailles. Il mourut à Paris en 1706, à 74 ans.

238. *Denis Simon*, né à Beauvais, conseiller au présidial et maire de cette ville, mort en 1731, a publié un supplément à l'histoire du Beauvaisis (n.° 182), et une bibliothèque des auteurs de droit.

239. *Jean-Jacques Bruhier d'Ablaincourt*, né à Beauvais vers 1700, mort le 24 octobre 1756, était un médecin très-distingué. Il a publié divers ouvrages relatifs à cette profession.

240. *François-Jean d'Auvergne* naquit à Beauvais en 1700. Il fut avocat au parlement de Paris, et publia plusieurs ouvrages sur des questions de droit. Il mourut en septembre 1775.

241. *Carpentier*, né à Beauvais, et mort à Paris à 39 ans, était archiviste, expert et feudiste. Il a publié divers écrits sur les différentes connaissances qu'il cultivait avec succès.

242. *J.-B. Vallot*, né à Beauvais, pharmacien et médecin de Wisbourg, mort à Amiens en 1785, a publié un mémoire in-4.° sur les eaux de Beauvais, et une thèse latine sur le même sujet. C'est lui qui a fait l'analyse des

eaux de Goincourt et du Becquet (n.° 372).

243. *Pierre-Joseph Coutel*, né le 6 février 1724, mort à Beauvais le 31 mars 1795, lieutenant du 1.er chirurgien du roi, est auteur d'un mémoire in-4.° sur la découverte de la tourbe.

244. *Louis - François - Réné Portiez* (de l'Oise), né à Beauvais le 1.er mai 1765, mort à Paris le 28 avril 1810, fut successivement membre de plusieurs assemblées législatives, doyen, professeur et directeur de l'école de droit. Il a publié : 1.° Code diplomatique, 1802, 4 vol. in-8.° ; 2.° Essai sur Boileau-Despréaux, 1804, brochure in-8.° ; 3.° Influence du gouvernement sur la révolution française, 1805, in-8.°. Il rédigea pendant un an le journal du département de l'Oise.

245. *Jean-Baptiste Langlet*, né à Amiens en 1743, et qui exerça pendant 40 ans à Beauvais les utiles fonctions de chirurgien et médecin de l'Hôtel-Dieu, jouissait d'une réputation justement méritée, sur-tout pour les opérations chirurgicales. Il fut enlevé à ses concitoyens le 12 novembre 1813, âgé de 70 ans et 11 mois.

4.° *Littérateurs, Historiens et autres Écrivains.*

247. *Falcain* ou *Foulcoie* (*Fulcoüus*), archidiacre et chanoine de Beauvais, né dans

cette ville vers l'an 1020, fut un des poëtes latins les plus féconds du xi.e siècle (*).

248. *Raimbert*, chanoine de Beauvais, a écrit en vers, l'an 1094, les actes du martyre de saint Quentin.

249. *Arnoul* ou *Arnulphe*, évêque de Rochester, en Angleterre, naquit à Beauvais vers l'an 1040, et mourut en 1124. Il laissa un livre intitulé *Textus Roffensis*, et quelques opuscules insérés dans le Spicilège. Il avait été moine de Saint-Symphorien.

250. *Guibert,* connu sous le nom de *Guibert de Nogent,* parce qu'il fut abbé de Nogent-sous-Coucy, naquit à Beauvais en 1053. Il a écrit sa vie et une histoire des Français en Orient. Ses œuvres ont été recueillies par le P. d'Achery, in-f.o. Il était d'une famille noble et riche, et mourut en 1124.

251. *Vincent de Beauvais* était de Boran en Beauvaisis, d'autres disent qu'il était de Bourgogne ; mais il habita long-temps Beauvais, et en prit le nom. Il fut sous-prieur des Jacobins de cette ville. Saint Louis le choisit pour son lecteur, et lui donna l'inspection des études des princes ses fils. Il a composé divers ouvrages dans un latin barbare. Il mourut vers 1264.

(*) Ses poésies manuscrites sur parchemin existent dans la bibliothèque de la ville.

252. *Elie Pillet,* poëte du XIII.ᵉ siècle, était chanoine de Beauvais, et fut employé en plusieurs affaires par le pape Innocent IV.

253. *Guillaume de Saint-Amour,* chanoine de Beauvais, mort en 1272, a soutenu vigoureusement, dans divers écrits, les droits de l'université contre les religieux mendians. Il était de Saint-Amour en Franche-Comté. Ses ouvrages ont été recueillis en 1 vol. in-4.°, en 1632.

254. *Guillaume Durand* ou *Duranti,* évêque de Mende en 1296, mort en 1328, était de Beauvais. Il a publié divers traités sur les affaires ecclésiastiques. Il était neveu de Guillaume Durand, surnommé *Speculator,* qui fut aussi évêque de Mende en 1286.

255. *Philippe de Vitry,* chanoine de Beauvais, puis évêque de Meaux, traduisit les Métamorphoses d'Ovide en français, vers l'an 1380.

256. *Jean Regnier,* natif d'Auxerre (autre que le satyrique), fut arrêté près de Beauvais, en 1431, par un parti du roi, et renfermé dans une des tours de l'évêché. C'est là qu'il composa ces vers:

« A Beauvais, droit devant Saint-Pierre,
» Où je suis enfermé en pierre,
» En grand' douleur, en grand servage, etc. »

257. *Thomas Loisel*, né à Beauvais, a composé, en 1434, un ouvrage sur le concile de
Bâle. Le manuscrit en est déposé à la bibliothèque du roi.

258. *Jean Thierry*, de Beauvais, contribua
beaucoup au *Thesaurus linguæ latinæ* de Robert Etienne. On lui doit le Columelle français, des Commentaires sur Ovide, et les 12
petits Grammairiens latins. Il vivait en 1516.

259. *Martin Thierry*, de Beauvais, vivant
en 1537, a publié diverses poésies latines : quel-
ques-unes sont dédiées au cardinal de Châtillon (n.° 198).

260. *Gilles d'Aurigny*, surnommé *le Pam-
phile*, était de Beauvais. Ce poète a publié le
Tuteur d'amour et quelques écrits badins. Il
mourut en 1553.

261. *Matthieu Frillon* (*Frigillanus*), de
Beauvais, a fait imprimer, en 1560, des remarques latines sur un Traité de Platon.

262. *Jean Binet*, avocat à Beauvais, fit en
1581 la description du Beauvaisis en vers latins.

263. *Claude Binet*, son neveu, avocat au
parlement de Paris, premier président et lieutenant-général à Riom, fut l'ami de Ronsard,
dont il écrivit la vie. Il composa diverses poésies badines et autres. Il vivait en 1583, et mourut à Riom.

264. *Claude Gouine*, doyen et official de Saint-Pierre, a décrit en vers latins la chûte d'une partie de cette église, arrivée en 1573. Fils d'un procureur de Beauvais, il fut lui-même célèbre avocat et bon royaliste; ce qui le fit chasser de la ville pendant la ligue. Il fut député en 1588, par les trois ordres, pour assister aux états-généraux à Blois, et mourut en 1607, laissant quelques notes sur la coutume de Senlis. M. de Thou fait son éloge.

265. *Sylvestre Delaon*, curé de St.-Etienne de Beauvais, a fait imprimer, en 1604, un ouvrage ascétique, intitulé *la Pasture chrétienne*, etc.

266. *Jacques de Nully* a publié, en 1618, quelques poésies latines et une Rhétorique in-4.°

267. *Philippe Leclerc*, principal du collége de Beauvais, a fait imprimer, en 1617, un petit ouvrage intitulé: *Verinus Belvacensis*.

268. *François Remi*, capucin, né à Beauvais, auteur du poëme de la Madeleine, l'un des ouvrages les plus ridicules qu'on puisse imaginer, vivait en 1620. Il était grand ligueur, et fut obligé de quitter la France.

269. *Pierre Aubert*, conseiller du roi à Beauvais, a publié en 1622 l'Histoire ou Recueil des gestes, mœurs, etc., des rois de France.

270. *Adrien Langlois*, bénédictin, né à Beauvais, mort à Jumièges en 1627, a fait l'apologie des deux fils aînés de Clovis II.

271. *Pierre Louvet*, médecin, né à Beauvais, professa la rhétorique en Provence, et enseigna la géographie à Montpellier. Il a publié divers ouvrages historiques peu estimés, notamment la France en sa splendeur. Il vivait en 1680. Il ne faut pas le confondre avec *Pierre Louvet*, avocat à Beauvais, mais natif de Verderel (canton de Niviller), auteur de divers ouvrages sur la ville de Beauvais (n.° 182). Celui-ci mourut en 1646.

272. *Godefroy Hermant*, né à Beauvais en 1617, fut recteur de l'université de Paris. Cet écrivain estimé, auteur de plusieurs ouvrages contre les Jésuites, mourut en 1690.

273. *Hyacinthe Lefevre*, provincial des Récollets, mort en 1694, après avoir publié quelques écrits mystiques, était de Beauvais.

274. *Matthieu Feydeau*, né à Paris en 1616, théologal de Beauvais, mort en exil à Annonay en 1694, est aussi auteur de divers ouvrages ascétiques.

275. *Augustin Goguet*, médecin à Beauvais, a composé les Vies des gens-de-lettres de toutes sortes de professions.

276. *Nicolas Tavernier*, né à Beauvais, pro-

fesseur de grec au collége royal de France, mort le 23 avril 1698, a publié diverses poésies latines.

277. Le célèbre *Jean Racine*, né en 1639 à la Ferté-Milon, à cinq kilomètres des limites du département de l'Oise, mort en 1699, avait fait ses études au collége de Beauvais, et porta toute sa vie une cicatrice qu'il y reçut en jouant.

278. *Charles Boileau*, abbé de Beaulieu, auteur de panégyriques, de sermons et d'homélies, était de Beauvais. Il prêcha devant Louis XIV, et mourut en 1700.

279. *Lemaire*, chantre en dignité de l'église de Beauvais, a donné, en 1702, une réfutation du Traité de la pratique des billets entre les négocians.

280. *Pierre Lenglet*, de Beauvais, professeur d'éloquence au collége royal, recteur de l'université, mort en 1707, est auteur d'un recueil de poésies latines fort estimées.

281. *Guy Drappier*, né à Beauvais, est auteur d'un Traité des oblations et de quelques autres ouvrages. Il mourut en 1716, à 93 ans, après avoir été, pendant 59 ans, curé de St.-Sauveur.

282. *Jean-Baptiste Dubos*, naquit à Beauvais en 1670, et y commença ses études qu'il acheva à Paris. Il fut employé dans la diplo-

matie, et publia divers ouvrages fort estimés, entr'autres des Réflexions sur la poésie et la peinture, les Intérêts de l'Angleterre dans la guerre actuelle, l'Histoire de la ligue de Cambray, etc. Voltaire fait un grand éloge de ces ouvrages. L'abbé Dubos mourut à Paris en 1742, secrétaire perpétuel de l'académie française.

283. *Nicolas Lenglet-Dufresnoy*, si connu par la bizarrerie de son caractère et la multitude de ses ouvrages, naquit à Beauvais le 5 octobre 1674. Il fut, ainsi que l'abbé Dubos, employé dans la diplomatie avec le plus grand succès. Il est connu par des écrits sur toutes sortes de sujets, mais sur-tout par ses *Tablettes géographiques* et sa *Méthode d'écrire l'histoire*. Le 16 janvier 1755, il s'endormit en lisant, tomba dans le feu, et y périt.

284. *François-Philippe Mésenguy*, né à Beauvais le 22 août 1677, auteur de plusieurs ouvrages de piété, professa la rhétorique au collége de cette ville, et y mourut en 1763, le 19 février, généralement regretté, à cause de l'excellence de son caractère.

285. *Pierre Restaut*, naquit à Beauvais en 1694, d'un marchand de drap qui le fit élever avec soin. Il fut avocat au parlement de Paris et au conseil du roi, et mourut à Paris le 14

février 1764, à 70 ans. Il a publié un Traité de l'orthographe et une Grammaire française qui ont eu un grand succès.

286. *L'abbé Ménard*, professeur de rhétorique au collége de Beauvais, et chanoine de Notre-Dame du Châtel, a publié, en 1777, une Rhétorique raisonnée. On a aussi de lui un éloge de Charles V, roi de France.

287. *L'abbé Villain (Etienne-François)*, mort à Paris en 1784, auteur de l'Histoire de Nicolas Flamel et de quelques autres écrits historiques, était de Beauvais.

288. *Antoine-François Brisson*, né à Paris le 28 octobre 1728, mais élevé à Beauvais dès sa plus tendre jeunesse, a publié divers écrits historiques, économiques, et sur les arts. Il était inspecteur des manufactures du Beaujolais, et mourut à Paris en 1796, le 24 février.

289. *Eustache-Louis Borel*, né à Beauvais le 11 novembre 1720, président et lieutenant-général au baillage de cette ville, etc., y mourut le 19 avril 1797, étant président du tribunal civil du département de l'Oise. Il a travaillé à la carte générale de France avec MM. Cassini. On lui doit aussi des Mémoires précieux et fort étendus sur la ville de Beauvais et le Beauvaisis (n.º 183), qu'il a composés avec MM. Bucquet et Danse; d'autres Dissertations histori-

ques, et une Description très-détaillée de la clavelée, maladie des troupeaux.

290. *Louis-Jean-Baptiste Bucquet,* procureur du roi au bailliage de Beauvais, où il naquit le 10 mars 1731, coopéra aux ouvrages cités en l'article précédent, et publia en outre des Discours et des Mémoires sur la justice, ainsi que des Mélanges très-curieux : plusieurs de ses Mémoires ont été couronnés par différentes académies de province. Il mourut à Marguerie, commune de Hermes, canton de Noailles, le 13 avril 1801 : son corps fut transféré à Bracheux (n.° 363).

291. *Gabriel-Claude Danse,* chanoine de Beauvais, petit-neveu de l'abbé Dubos (n. 282), naquit à Beauvais le 22 août 1725, et y mourut le 10 septembre 1806. Il a travaillé, en société, avec MM. Borel et Bucquet, aux ouvrages cités dans l'article du premier (n.° 289).

292. *Jean-François Brun,* chanoine de Beauvais, mais natif de la Provence, a publié, en 1792, des Tablettes historiques du département de l'Oise (n.° 182). Il est aussi l'auteur de l'Almanach raisonné des architectes, peintres, etc., pour 1777. Il était correspondant de l'académie de peinture de Bordeaux, et mourut, le 15 avril 1804, à Dampierre (Seine-Inférieure), où il était curé.

293. *Nicolas Feuillet*, horloger, puis employé à la préfecture de l'Oise, a publié un projet de calendrier et quelques poésies. Il est mort le 9 juillet 1805. Il était parent d'un autre Nicolas Feuillet, dont Boileau a parlé dans sa 9.ᵉ satyre. Celui-ci était chanoine de Saint-Cloud, fameux prédicateur; né à Conty, il mourut à Paris en 1693, à 71 ans.

294. *David-Victorin Delpuech de Comeiras*, né à St.-Hippolyte en 1732, chanoine et grand-vicaire de Beauvais, est auteur de divers ouvrages importans sur l'histoire, la géographie et les voyages. Il est mort à Paris en 1806.

295. *Jacques Cambry*, né à Lorient en 1760, membre de plusieurs sociétés savantes, fut le premier préfet de l'Oise, en 1800. Il a publié la Description de ce département en 2 vol in-8.º (n.º 182). On lui doit aussi des Voyages dans le Finistère, en Suisse et en Italie, et plusieurs autres ouvrages sur l'histoire et l'administration. Il mourut à Paris le 30 décembre 1807.

296. *Charles-Thomas Serpe*, chanoine de Beauvais avant la révolution, puis curé de Saint-Pierre, naquit à Paris le 4 septembre 1720, et mourut à Beauvais le 30 juin 1809. Il est auteur d'un ouvrage intitulé : Analyse et critique des ouvrages de Voltaire, 1 vol.

in-8.°; et d'une Vie de Pierre Guillotte, curé de Saint-Maur.

5.° *Artistes.*

300. *Jean Wast*, maçon, a travaillé à la construction de l'église cathédrale de Saint-Pierre et aux plus beaux ouvrages de Beauvais. Il mourut en 1524.

301. *Angrand* ou *Enguerrand*, surnommé *le Prince*, célèbre peintre sur verre, mort en 1530, était de Beauvais. On lui doit une multitude de tableaux sur verre, dont les églises de cette ville, et Saint-Etienne sur-tout, sont encore décorées.

302. *Antoine Caron*, né à Beauvais, était peintre de François 1.ᵉʳ, vers l'an 1550. On admira sa facilité, ses grâces; mais on l'accusa d'un peu de paresse.

303. *Jean Lepot*, Flamand d'origine, s'établit à Beanvais en 1500, et y épousa la fille d'Antoine Caron. Il peignait parfaitement bien sur verre en grisaille, et était en outre habile sculpteur. On lui doit les sculptures que l'on admirait dans le chœur de Saint-Pierre. Ce célèbre artiste mourut en 1563.

304. *François Gaget*, chanoine de Saint-Pierre, fut, dit-on, le premier Français qui ait su peindre la perspective : le frère Bonaventure, Capucin d'Amiens, la lui avait fait connaître.

3o5. *Quentin Varin*, élève du chanoine Gaget, fut peintre de Louis XIII. Il travailla d'abord à Beauvais, qu'il quitta en 1610. Il y exécuta beaucoup d'ouvrages ; mais il n'y fit pas fortune. Simon s'étend beaucoup sur les différens ouvrages de ce peintre.

3o6. *Jean-Baptiste Oudry*, né à Paris en 1686, s'est acquis une grande réputation par son talent pour peindre les animaux et les paysages. Il fut peintre du roi, professeur de l'académie de peinture, et l'un des entrepreneurs de la manufacture royale de tapisseries de Beauvais (n.° 115). Il dirigea cette manufacture, et l'on en vit sortir des tapisséries aussi brillantes que les tableaux qui leur avaient servi de modèles. C'est d'après ses dessins ébauchés qu'on a gravé les fables de La Fontaine, en 4 vol. in-f.°. Cet artiste distingué est mort à Beauvais le 3o avril 1755. Le roi lui avait accordé une pension et un logement aux galeries du Louvre.

3o7. *C. Navarre*, maître-d'armes pour les Gardes-du Corps, avant la révolutio., a demeuré plusieurs années à Beauvais, et y a publié deux écrits singuliers, intitulés : *La Serrure sans clef*, et *Un petit mot au Lecteur*. Il avait donné, en 1775, un *Manuel militaire*, et *l'Aveug.e qui refuse de voir*.

308. *Pierre-Louis Dubus de Préville*, célèbre acteur du théâtre français, connu de toute l'Europe, se retira à Beauvais en 1792, chez Mme Guesdon sa fille. Il y mourut, privé de la vue, le 27 frim.^re an 8 (18 décembre 1799).

Caractère, Mœurs et Usages.

309. Dès l'antiquité la plus reculée, les habitans de Beauvais ont été connus par leur courage et leur bravoure. César, dans ses Commentaires, et Hirtius Pansa, son continuateur, leur rendent cet hommage.

310. Dans le xiie siècle, on célébrait à Beauvais la fête de l'âne, le jour de la Circoncision. C'était une espèce de farce, rappelant la Vierge, l'enfant Jésus et la fuite en Egypte. On annonçait cette fête avec appareil. Tous les acteurs de cette solennité s'abandonnaient à la folie. La plus jolie fille de la ville entrait dans l'église montée sur un âne. On entonnait alors une ode latine, dont voici la traduction :

Des contrées de l'Orient
Un âne est arrivé,
Beau, très-fort, et très-propre à porter des fardeaux.
Eh, eh, sir âne, chantez ;
Belle bouche, rechignez,
Vous aurez du foin assez ;
Belle bouche, rechignez,
Vous aurez du foin assez,
Et de l'avoine à planter.

Les chanoines et tout le peuple s'efforçaient, dans un chœur général, d'imiter les chants de l'âne.

PREMIÈRE STROPHE DU CHANT LATIN.

Orientis partibus
Adventavit asinus ,
Pulcher et fortissimus ,
Sarcinis aptissimus.
Hez , hez , sir anes , hez , etc.

Louvet prétend qu'au lieu de *sir anes, hez,* on doit dire *Silenus es.*

311. Le jour de l'Epiphanie, trois valets représentaient les trois Rois.

Le jour de Pâques, à matines, trois enfans de chœur contrefaisaient les trois Maries.

312. On jetait encore, dans le XVII.ᵉ siècle, le jour de la Pentecôte, durant le *Veni Creator,* des étoupes enflammées dans la nef, et des oublies de diverses couleurs dans le chœur, pour imiter les langues de feu qui descendirent sur les apôtres.

313. Le jour des Innocens , les enfans de chœur occupaient les hautes stalles, et les chanoines les basses.

314. La confrérie, ou le corps des Jongleurs, était obligée de faire placer des musiciens dans le cloître de la cathédrale, le jour de St. Pierre. Les chanoines faisaient représenter, sur la partie de la place dont ils étaient seigneurs, des mystères, etc.

315. On appelle les *mouillettes*, à Beauvais, une espèce de repas qui se fait après la célébration du mariage à l'église : on présente aux nouveaux époux un vase de vin ; le marié y trempe un morceau de pain, et prend la première bouchée ; sa femme mange la seconde ; ils boivent alternativement dans la même coupe en signe de communauté de bien et de mal ; les parens répètent la même scène, s'occupant gaiement de l'alliance qu'ils contractent.

On sait quelle est l'antiquité de cet usage dans les Gaules.

316. On célèbre encore, dans les faubourgs de Beauvais, ce qu'on appelle le *repas des obsèques*. Après avoir rendu les derniers devoirs à celui qui n'est plus, on se réunit chez lui ; les parens ont fait servir une collation frugale, au milieu de laquelle on rappelle toutes les vertus et les bonnes qualités de celui qu'on regrette.

317. Les établissemens religieux étaient très-multipliés à Beauvais, ainsi que nous l'avons déjà fait voir (n.ᵒˢ 178 et suiv.). Le son multiplié des cloches remplissait les airs : aussi l'avait-on surnommée *Ville sonnante*. Les habitans de cette ville ont toujours passé pour avoir un grand fonds de piété. On y montrait autrefois beaucoup de reliques, telles que la verge

d'Aaron, le bras de St. Pierre, le chef de St. Germer, etc., parmi lesquelles il y en avait de plus vénérées et de plus authentiques les unes que les autres.

318. Beauvais a toujours passé pour une ville de bienfaisance et de charité. Des femmes respectables, sous le titre de *Mères de charité* (n.ᵉ 348), distribuent les dons de leurs concitoyens dans les asyles de la misère qu'elles ne cessent de visiter.

319. On ne voit pas régner le luxe dans l'intérieur des maisons de Beauvais : les habitans y vivent dans une certaine aisance, résultat de leur industrie et de leur modération habituelle. Leurs mœurs sont douces, et, malgré le voisinage de Paris, elles prennent une teinte de celles de la Flandre : ils ont plus l'air de se laisser aller au plaisir de la société que d'être entraînés dans les jouissances qu'elle procure.

320. Les cafés, les spectacles, les lieux publics, sont peu fréquentés par les citoyens de la ville. Les jeux de hasard n'y sont guère connus, et n'y ont jamais fait le désespoir des familles.

321. Les Beauvaisins, tout occupés de leurs intérêts et de leur commerce, ne montrent pas beaucoup de goût pour le spectacle : aussi

les acteurs qui viennent s'y installer de tems en tems y font-ils rarement leurs affaires. Il y a néanmoins deux salles de spectacle, dont une, rue de l'Ecu, est beaucoup plus petite et moins bien décorée que celle dont nous avons parlé (n.º 63).

ADMINISTRATION ET ÉTABLISSEMENS PUBLICS.

Ordre civil.

325. Beauvais, ancienne capitale du Beauvaisis, et chef-lieu d'une subdélégation de l'intendance de Paris, actuellement chef-lieu du département de l'Oise, de l'arrondissement de Beauvais et des deux cantons du même nom, est la résidence du préfet, du secrétaire-général de la préfecture, et du sous-préfet de l'arrondissement de Beauvais.

C'est le siége du conseil de préfecture, du conseil-général et du collége électoral du département, ainsi que du conseil et du collége électoral de l'arrondissement de Beauvais.

326. C'est aussi la résidence du directeur des contributions directes, de l'inspecteur particulier, du contrôleur de la 1.re division, de celui de la 4.e dont le chef-lieu est Noailles, de deux surnuméraires, et de l'ingénieur - vérificateur du cadastre;

Du receveur-général du département, et du payeur des dépenses diverses;

Du directeur de l'enregistrement et des domaines, de l'inspecteur, de l'un des trois vérificateurs, d'un conservateur des hypothèques, d'un receveur des domaines, d'un receveur du timbre extraordinaire, d'un garde-magasin du timbre, et d'un receveur de l'enregistrement, dont la recette s'étend sur les deux cantons de Beauvais;

D'un inspecteur des forêts, et d'un garde-général;

Du directeur des impositions indirectes (droits-réunis), de l'inspecteur, d'un contrôleur principal, d'un receveur principal; de l'entreposeur général des tabacs pour tout le département, et d'un entreposeur particulier pour l'arrondissement de Beauvais; du contrôleur et de l'essayeur de la marque d'or, pour tout le département;

De l'ingénieur en chef des ponts et chaussées, d'un ingénieur ordinaire, d'un conducteur des travaux, et d'un vérificateur des poids et mesures pour l'arrondissement de Beauvais seulement.

327. Considéré comme ville importante, Beauvais a un maire et trois adjoints nommés par le roi; un conseil municipal de 30 mem-

bres; un receveur des revenus municipaux
qui est en même tems secrétaire de la mairie;
un tribunal de police présidé par un des deux
juges de paix, un greffier de ce tribunal, un
commissaire et deux agens de police; un receveur des contributions directes; 15 à 18
commis et employés pour les impositions indirectes (droits-réunis); 11 pour l'octroi, et
16 débitans de tabacs.

Il y existe deux bureaux de loterie; un pour
la poste aux lettres, ayant un directeur et un
contrôleur; un relais de poste, où 20 à 25 chevaux sont habituellement employés.

328. La manufacture royale de tapisseries
(n.° 35) est dirigée par un directeur et par un
contre-maître.

329. Enfin, on trouve dans cette ville plusieurs établissemens de voitures publiques; l'un
ayant deux diligences, dont une va tous les jours
de Beauvais à Paris, et l'autre revient de Paris
à Beauvais. D'autres diligences, allant d'Amiens
à Paris, passent tous les deux jours à Beauvais.
On y trouve aussi des voitures pour Rouen,
Clermont, Gisors, Chaumont, etc.

Ordre judiciaire.

330. La ville de Beauvais avait autrefois un
bailliage et siège présidial établi par Henri III,
en décembre 1581; des juges-consuls, pour les

affaires du commerce, érigés au mois de juin 1564; une élection; un grenier à sel; des officiers de toute espèce pour la justice seigneuriale de l'évêque, celle du chapitre, etc.

331. Elle est maintenant le siége de la cour d'assises du département, et en cette qualité la résidence du procureur du roi, substitut du procureur-général près la cour royale d'Amiens, dans le ressort de laquelle le département de l'Oise est placé.

Elle a aussi un tribunal de première instance, composé d'un président, un vice-président, 7 juges, 4 suppléans, un procureur du roi, 2 substituts, un greffier et deux commis-greffiers; ainsi qu'un tribunal de commerce, composé d'un président, 4 juges, 4 suppléans et un greffier. Le ressort de ces deux tribunaux s'étend sur tout l'arrondissement de Beauvais.

Les juges de paix des deux cantons y résident également, ainsi que leurs greffiers.

On compte dans cette ville 5 notaires, 2 jurisconsultes, 10 avoués, et 18 huissiers.

332. Les prisons de Beauvais sont au nombre de deux : celle de justice, peu spacieuse, renferme les accusés qui doivent être jugés par la cour d'assises du département.

La seconde, placée près de l'hôtel-de-ville, est la maison d'arrêt de l'arrondissement; elle

sert à renfermer les individus arrêtés pour
faits de police, les personnes qui sont en pré-
vention de crimes ou de délits, les hommes
arrêtés pour dettes, etc.

État militaire.

333. Beauvais, comme chef-lieu du département de l'Oise, qui se trouve compris dans la
1.re division militaire, est la résidence d'un
maréchal-de-camp, de son aide-de-camp, et
d'un commissaire des guerres.

C'est le quartier de celle des six compagnies
des Gardes-du-Corps de S. M. qui porte le nom
de Compagnie de Noailles.

Cette ville est aussi la résidence d'un chef
d'escadron de la gendarmerie, du capitaine de
la compagnie du département, d'un lieutenant,
du quartier-maître, et de deux brigades, l'une
à pied, l'autre à cheval.

Elle a une garde urbaine composée de quatre compagnies, chacune de 100 hommes :
cette garde est on ne peut mieux tenue.

334. Il y existe deux casernes, situées à
deux extrémités différentes de la ville : l'une,
qui a toujours eu cette destination, est connue
sous le nom de *Grand-Quartier;* elle sert
d'écuries à MM. les Gardes-du-Corps. L'autre
est un ancien couvent de religieuses (n.° 181);
elle est connue sous le nom de *St.-François.*

État ecclésiastique.

335. Beauvais, ancien évêché suffragant de Reims, n'a conservé de son antique splendeur, sous ce rapport (n.ᵒˢ 164 et suivans), que la prérogative de voir son nom annexé à celui de la ville d'Amiens, dans l'évêché de laquelle le département de l'Oise est compris.

Un vicaire-général de l'évêque d'Amiens, Beauvais et Noyon, réside dans la ville de Beauvais, ainsi qu'un secrétaire de l'évêché, pour surveiller et diriger les affaires ecclésiastiques du département de l'Oise.

336. Il y existe deux paroisses, St.-Pierre et St.-Etienne; ce sont deux cures de 1.ʳᵉ classe. Il y a 7 vicaires pour celle de St.-Pierre, et 6 pour St.-Etienne : leurs limites, quant au territoire de la ville, ne sont pas les mêmes que celles des justices de paix (n.ᵒ 84). La ligne de démarcation des deux paroisses est formée, à partir du point où l'Avelon cesse de limiter les territoires de Beauvais et de St.-Just pour entrer entièrement sur celui de Beauvais, par le milieu de cette rivière jusqu'à son confluent avec le Thérain à la tour de Boileau; elle remonte ensuite le Thérain jusqu'auprès de la poterne St.-Louis, entre dans la ville en suivant le cours d'eau qui passe dans les rues des Minimes et de Beauregard jusqu'à celle des

Epingliers; là, quittant la rivière, elle suit le
milieu de cette rue jusqu'à la grande place,
où, par une transversale, elle atteint la rue des
Annettes : elle suit alors le milieu des rues des
Annettes, de la Madeleine et du Bout-du-mur,
jusqu'au canal qui borde le rempart oriental,
le milieu de ce canal jusqu'à sa décharge dans
le Thérain, et enfin le milieu de cette rivière
jusqu'à sa sortie du territoire.

Toute la partie de la ville située au nord
ou à gauche de cette ligne, ainsi que les faubourgs de la poterne Saint-Louis, de Saint-
Quentin, de Basset, de Gaillon, de la Terre-
Bourdon et de la poterne Saint-André, dépendent de la paroisse de Saint-Pierre. Toute la
partie située au midi ou à droite de la ligne,
ainsi que les faubourgs de Paris et de Saint-
Jean, dépendent de Saint-Etienne.

Instruction publique.

338. La ville de Beauvais avait jadis un collége très-renommé, qui fut fondé en 1545 par
M. Nicolas Pastour (n.° 217). L'historien Loisel en augmenta les revenus en 1563. On y
construisit une chapelle en 1667. Cet établissement cessa d'exister au commencement de
la révolution, et les bâtimens en furent vendus
en 1799.

339. Il est remplacé par un nouveau col-

lége, établi dans l'ancien couvent des Ursulines (n.° 181). Le local en est très-vaste et on
ne peut mieux disposé : aussi ce collége peut-il
prétendre à recouvrer toute la réputation dont
jouissait le précédent. Il est dirigé par un principal, et l'instruction y est confiée à huit pro-
fesseurs et à un aumônier.

340. On y distingue aussi un petit séminaire, destiné à fournir des élèves au grand
séminaire d'Amiens.

341. Trois maîtres de pension pour les jeunes
gens, dix instituteurs primaires, quatre pen-
sions pour les demoiselles, et quatre écoles primaires du même sexe, composent les autres établissemens d'instruction publique.

342. Il existait à Beauvais, avant la révolution, une société royale d'agriculture établie
par arrêt du conseil du 1.er mars 1761.

M. Cambry s'est efforcé de la relever en
1800, sous le titre de *Société d'agriculture,
du commerce et des arts;* mais le succès n'a
pas répondu à son attente.

343. La ville possède une bibliothèque publique confiée aux soins d'un bibliothécaire
et d'un sous-bibliothécaire; elle est placée dans
les bâtimens du collége. Cette bibliothèque,
composée d'environ 7000 volumes, est fort
riche en histoire; elle renferme quantité de

livres curieux en ce genre, et quelques ouvrages du xv.ᵉ siècle. Il serait convenable qu'on
y trouvât non-seulement tous les ouvrages qui
ont quelque rapport à la ville de Beauvais
(n.° 182), mais encore, autant que possible,
tous ceux qui ont été publiés par des Beauvaisins.

Établissemens de bienfaisance.

344. On compte deux hospices à Beauvais;
celui des malades, ou l'*Hôtel-Dieu*, et celui
des vieillards et orphelins, connu dans le pays
sous le nom de *Bureau des pauvres*, et qu'on
peut dire fondé par la munificence des habitans.

345. L'Hôtel-Dieu, dit de Saint-Jean, fut
d'abord établi près de l'église Saint-Etienne: on
le transporta, vers l'an 1200, hors de la porte
d'Amiens, au faubourg Gaillon; enfin, il fut
rétabli en 1300, dans la ville, à l'endroit où il
est maintenant, près la porte d'Amiens. Il y
avait autrefois des religieux et religieuses de
Saint-Augustin. Il est maintenant desservi par
des sœurs hospitalières de cette congrégation
elles sont en petit nombre; mais il s'accroît de
jeunes personnes pieuses, qui, sans vœux for-
mels, se sont vouées au service des malades. Il
existe 48 lits à l'Hôtel-Dieu. On y reçoit des hommes et des femmes de la ville, ainsi que les pri-

sonniers malades. C'est là que se font les expé-
riences de chirurgie et les cours d'accouche-
ment pour tout le département.

346. C'est en 1653 que fut établi le Bureau
des pauvres, où l'on reçoit des vieillards et des
orphelins des deux sexes, ainsi que les enfans
abandonnés; il est garni de 300 lits. Dès ateliers de draperie, où se font tous les ouvrages,
depuis le nettoiement des laines jusqu'à la fabrication du drap, sont établis dans cet hospice, sur ses fonds et pour son compte.

Cet établissement est une source abondante
de secours de tout genre : la multitude de pauvres qu'il renferme, les nourrices qu'il salarie,
tous les ouvriers en laine qu'il occupe dans
les tems malheureux, rendent bien chère à
la ville la mémoire du digne évêque, M. Augustin Potier (n.° 200), qui, en 1629, en posa les
premiers fondemens, et celle de tous les bienf-
faiteurs de cet utile établissement. Elle n'est
pas moins redevable à M. l'abbé Borel (n.° 222),
qui ajouta à tous les dons qu'il fit au Bureau,
des réglemens si sages et si propres à y entre-
tenir l'ordre et la vertu, qu'ils y sont encore
en pleine vigueur. Mais actuellement, les hom-
mages et les bénédictions des pauvres, ainsi
que ceux de tous les habitans de la ville, s'a-
dressent principalement à Mlle *Guérin*, qui,

depuis 55 ans, dirige cet utile établissement. Cette personne, aussi pieuse que charitable, a consacré sa vie entière au soulagement des pauvres, qui ne doivent prononcer son nom qu'avec la vénération qu'il inspire, et qui ne peuvent adresser trop de vœux au ciel pour la conservation de ses jours.

347. Les revenus de ces deux hospices s'élèvent à environ 90000 ^{f}. Ils sont administrés par une *Commission* composée du maire et de cinq citoyens recommandables par leur zèle et leur charité. Un secrétaire et un receveur des revenus y sont attachés.

348. Le *Bureau de bienfaisance* est composé du maire, président-né, des deux curés et de trois autres personnes. Ce bureau a pour objet d'assurer aux indigens non reçus dans les hospices, des secours qui leur sont distribués à domicile par les *dames* ou *mères de charité* (n.º 318).

349. Enfin, la ville de Beauvais renferme un dépôt provisoire de mendicité, en attendant l'établissement de celui que la loi a placé à Noyon.

COMMUNES RURALES.

ALLONNE, en latin *Alumna* ou *Allona*.

351. VILLAGE considérable, situé sur le ruisseau de Berneuil, près de la route de Paris à Calais qui traverse son territoire. Celle de Pontoise à Beauvais s'étend sur sa partie occidentale.

352. L'un des hameaux de cette commune, appelé *Voisinlieu* (en latin *Viciniacum* ou *Vicinus locus*), est plus considérable que le chef-lieu. C'est une espèce de faubourg de la ville de Beauvais; il n'est séparé que par une ruelle de celui de Paris. Plusieurs moulins, que fait tourner le Thérain, dépendent de ce hameau.

353. *Bongenouil* (en latin *Bonum genu* ou *Bovis genu*), est un autre hameau très-fort, situé sur le ruisseau de Berneuil, et traversé par la route de Pontoise.

354. *Villers-sur-Thère* (en latin *Villare ad Tharam*), autre hameau assez peuplé, est situé sur la rive droite du Thérain. Une partie du *Petit-Bruneval*, hameau de Warluis, dépend aussi d'Allonne, ainsi que trois écarts:

Saint-Lazare, Thère et *Saint-Mathurin*. **Le** premier, situé sur la route de Paris, est une ancienne maladrerie, avec une ferme y tenant : Thère se compose d'un moulin et d'une ferme situés dans une île du Thérain : Saint-Mathurin n'est qu'une chapelle, entre Allonne et Villers, sur le ruisseau de Berneuil.

355. On trouve à Bongenouil des *vignes* qui produisent un *vin* assez estimé dans le pays. Il y existe aussi une immense *carrière*, dite de Saint-Pierre. On en a, dit-on, tiré les pierres qui ont servi à la construction de l'édifice de Saint-Pierre.

356. Les habitans de Voisinlieu, de Thère et de Villers-sur-Thère possèdent en commun, avec ceux de Marissel, Bracheux et Vuagicourt, un marais très-considérable, appelé le *Pré Martinet,* qui s'étend le long du Thérain jusqu'au marais de Therdonne. Ce fut le cardinal Cholet qui en donna la propriété à ces communes. Le titre de cette donation existe, dit-on, dans le coffre de l'église de Marissel. Le fonds de ce marais est le même que celui des aires (n.° 97). On prétend qu'en effet ce fut d'une partie de ce marais que furent formés ces jardins si fertiles, et que les habitans de Voisinlieu les défrichèrent les premiers, vers le xiv.e siècle.

357. Cette commune, bornée par le Thé-rain dans toute sa partie orientale, est très-riche en usines : on y trouve une tannerie et neuf moulins à eau, dont un à huile, 2 à draps, 2 à tan et 4 à blé.

358. Elle dépend de la perception d'Auteuil, canton d'Auneuil.

BRACHEUX, en latin *Braicellum* ou *Bracholium*.

359. Cette commune est située sur un ruis-seau formé de plusieurs petits canaux dérivant du Thérain et d'un déversoir du canal de Beau-vais. Quelques sources existantes dans les aires et à la poterne Saint-André alimentent ce ruis-seau, qui, après avoir traversé les aires et bordé le pré Martinet, se perd dans le Thérain, à Vuagicourt, après un cours de 3 à 4 kilomètres.

360. Bracheux possède 21 hectares de vignes sur un territoire de 230. Le vin n'en est pas renommé, même dans le pays.

On y extrait de la tourbe, mêlée de craie et de petits cailloux.

Il existe dans cette commune, un peu au nord de la route de Beauvais à Clermont, un monticule de sable quartzeux rempli de *co-quilles d'huîtres* très-grandes, à-peu-près sem-blables à celles que l'on nomme *pieds-de-che-val,* et quantité d'autres *coquilles fossiles.*

361. On a trouvé près de ce lieu une médaille de Titus en or.

362. Le ruisseau de Bracheux y fait tourner un faible moulin à blé.

363. *Pierre de Braicquel*, de la famille de Bracheux, se distingua dans les guerres d'outre-mer. Il est probable que de Braicquel on a formé par corruption Brachuel, Brachel et Bracheux, que l'on trouve dans les anciens auteurs. Cette terre a été possédée par M. *Bucquet*, qui mourut à Marguerie en 1801, et fut transporté et inhumé à Bracheux (n.° 290).

FOUQUENIES, en latin *Fulgentiæ*.

364. Cette commune, située sur la rive droite du Thérain, qui la borde dans toute sa partie orientale, est plus connue sous le nom de *Montmille*, l'un de ses hameaux, où l'église est placée. Elle en comprend quatre autres : *Herchies* (en latin *Harcheiæ*), *le Petit-Bracheux*, *Saint-Maxien* et *le Plouy-Louvet*.

365. Ce dernier est en plaine; Herchies, le Petit-Bracheux, ainsi que le chef-lieu, sont situés le long du Thérain : Montmille et Saint-Maxien, qui y tient, sont placés au haut d'un côteau fort agréable.

366. Le *Moulin des Forges* est un écart, situé sur le Thérain, à l'extrémité septentrio-

nale de la commune. Le hameau des Forges, dont il prend le nom, parce qu'il y touche, dépend de Milly (canton de Marseille).

367. Le Thérain fait tourner 4 moulins dans cette commune, savoir : 2 à blé, un à huile et un à foulon.

Elle est attribuée à la succursale de Troisse-reux (canton de Niviller).

368. C'est à St.-Maxien, sur la montagne de Montmille (*in monte Milio*), que St. Lucien fut martyrisé, vers l'an 250 de J.-C. Chassé de Beau-vais où était un préfet romain, il se retira dans ce lieu, où il fut découvert et mis à mort, avec St. Maxien et St. Julien. Les païens lui coupè-rent la tête, qu'il porta, dit-on, jusqu'au vil-lage nommé depuis *Saint-Lucien* (n.° 385), en passant le Thérain à Miauroy. On prétend, dans le pays, que le chemin par lequel il passa se trouve toujours garni de quantité de roses très-rouges; et qu'en outre, quoique la mon-tagne où il fut martyrisé soit extrêmement roide et difficile pour les voitures, il n'y est jamais arrivé aucun accident.

GOINCOURT, en latin *Gohicurtis*, ou *Gohieri-curtis*, ou *Gunicuria*.

370. Ce village est établi dans une char-mante position, sur les rives de l'Avelon,

qui y fait tourner deux moulins à blé. Le hameau d'*Outrebos* en dépend, ainsi que deux écarts, nommés *Valoir* (en latin *Valesiœ*) et le *Mont-Guillain.*

371. Il y a dans cette commune une succursale qui dépend de la paroisse de St. Pierre de Beauvais, quoiqu'elle soit dans le canton du midi et occident, et que l'église de St.-Pierre soit la paroisse du canton nord et orient.

372. On trouve à Goincourt, de même qu'au Becquet, commune de St.-Paul, canton d'Auneuil, des *eaux minérales* qui étaient en usage dans le Beauvaisis depuis un tems immémorial. Louvet, dans son Histoire des antiquités de Beauvais, dit que ces eaux sont fort saines à ceux qui ont la gravelle et la pierre. Vallot (n° 242) en fit l'analyse en 1752. Il trouva qu'elles contenaient une terre absorbante, alkaline et ferrugineuse. Le lieu qu'occupent les fontaines s'appelle les *Fontainieux* et *Rouge-vêtue.*

Dans les environs, on aperçoit les traces d'une *mine de fer* dans un espace qu'on nomme encore *les Forges.* On y voit une masse assez considérable de *mâche-fer.* Les habitans du voisinage en ont bâti tous les soins de leurs maisons.

On trouve aussi, dans cette commune, une espèce de *tourbe* pyriteuse qui ne formerait

qu'un mauvais combustible; mais dont on extrait, par la décomposition des pyrites, le sulfate de fer ou couperose verte : ces terres sont
susceptibles de s'enflammer spontanément,
étant exposées à l'air en masses.

373. Il s'est établi depuis peu d'années à
Goincourt une manufacture de faïence brune :
on y trouve aussi deux manufactures de sulfate de fer; l'une (celle du sieur Letheux)
est un établissement récent encore peu considérable.

Mais celle qu'exploite le sieur Guérin est
importante et très-renommée; elle est située
au hameau d'Outrebos, sur la rive gauche de
l'Avelon : on ne chercha d'abord dans ces
lieux que des eaux minérales et de la tourbe.
Croutz, allemand, est le premier qui s'y soit
occupé de l'extraction du vitriol; il le fabriqua d'abord au Becquet, dans l'obscurité,
presque dans la misère. Dans la suite, une
société s'unit à lui; elle acheta des terres, fit
construire des bâtimens, des bacs, des fourneaux : mais les avances trop considérables
qu'il fallut faire nuisirent à cette entreprise;
elle ne fut dans un état brillant que sous
M. Warnier, habile négociant d'Amiens.

374. L'établissement actuel de M. Guérin
à Outrebos, ainsi que celui du Becquet, qui

lui est postérieur de dix ans au moins, ont pris naissance dans un tems où l'on croyait encore à peine devoir au sol français des produits de cette nature. Ces fabriques ont été des premières à s'élever en France, et ont eu à lutter long-tems contre le préjugé qui faisait rechercher la couperose anglaise comme préférable à la leur.

Actuellement il est reconnu qu'il n'y a pas de meilleur sulfate de fer que celui de ces fabriques, soit en France, soit chez l'étranger.

375. La mine qui alimente ces deux fabriques est située sur les limites des communes de Goincourt et de St.-Martin-le-Nœud; mais les premières découvertes se sont faites au hameau du Becquet, dans le même vallon où la mine actuelle de Goincourt est située, et sur les bords de l'Avelon. Ce fut en 1789 et 1790, qu'après avoir épuisé cette première mine, M. Warnier, premier fabricant, et après lui M. Gaillard son cessionnaire, obtinrent deux arrêts du conseil qui partagèrent la prairie communale de Goincourt entre M. Gaillard pour le Becquet, et M. Guérin pour Goincourt. Cette mine fut épuisée en peu d'années; et c'est maintenant la prairie du Marais, commune de Saint-Martin-le-Nœud, qui leur fournit la matière première.

La couche pyriteuse que l'on exploite actuellement participe de la nature des terreins qu'elle traverse; elle est tourbeuse dans les endroits où la tourbe lui est superposée, c'est-à-dire que, comme la tourbe, elle contient des débris de végétaux : on y trouve souvent des arbres entiers couchés transversalement, de menus bois, des roseaux et autres substances végétales qui sont quelquefois pyritisées. Il n'est pas rare aussi d'y rencontrer des restes d'animaux, des ossemens dans lesquels la matière vitriolique est plus ou moins répandue; mais il n'y a pas de tourbes pyriteuses proprement dites, et l'on a observé que les deux couches, la tourbeuse et la pyriteuse, sont toujours séparées par un cordon ou espèce de mise de terre noire qui établit une ligne de démarcation entre elles. Quelquefois la couche pyriteuse est argileuse dans les terreins où elle passe, et qui sont en grande partie argileux. Presque toujours elle est sableuse; et, jusqu'ici la veine exploitée dans la vallée de l'Avelon, posée sur un lit de cailloux, a fait participer tellement le sable de ces cailloux à sa nature pyriteuse, que les deux ou trois décimètres (7 à 11 pouces) de profondeur de ce lit ont pu être levés et exploités avec avantage.

La couche pyriteuse a depuis un demi-mètre

jusqu'à trois mètres (un pied et demi à neuf pieds) de profondeur. Dans la tourbière de Goincourt, elle se trouvait sous un ou plusieurs mètres de tourbes, tandis qu'aujourd'hui elle est sous un banc argileux de trois à quatre mètres (neuf à douze pieds) d'épaisseur, et d'une excessive dureté.

Les terres et les sables pyriteux chariés dans les fabriques y sont amoncelés sous des hangars, où, après plusieurs mois de fermentation, nécessaires pour le développement complet du sel vitriolique, ils sont soumis à la lixiviation. Les eaux de lessive sont ensuite rapprochées, et la cristallisation s'opère à la manière de la plupart des substances salifiables. Le combustible employé pour ces dernières opérations est la tourbe. Jusqu'ici on l'avait extraite dans la même vallée de l'Avelon, depuis Beauvais jusqu'à Ons-en-Bray; mais la tourbe étant absolument épuisée dans toutes les contrées qui environnent les fabriques du Becquet et de Goincourt, on est obligé, aujourd'hui, de tirer ce combustible de la tourbière de Bresles. La consommation en tourbe, dans les fabriques du Becquet et de Goincourt, est évaluée à environ 7800 stères (2000 cordes) par année.

Ces deux fabriques versent leurs produits

dans l'intérieur de la France, et l'exportent même à l'étranger, suivant les demandes qui leur sont faites. Elles ne fabriquent qu'en raison de la consommation; mais elles peuvent au besoin mettre en circulation, par année, jusqu'à 80 mille myriagrammes (16 mille quintaux) de sulfate de fer.

MARISSEL, en latin *Mariæ Sella* ou *Cella* (*).

376. Ce village, situé à l'est de Beauvais, dont il est limitrophe, est placé au milieu d'un côteau qui longe la vallée du Thérain.

Outre le chef-lieu, la commune comprend le hameau de *Saint-Antoine*, ancienne maladrerie, située sur la route de Beauvais à Clermont (ou de Rouen à Soissons), ainsi que 4 écarts : l'auberge *Levasseur*, accompagnée de deux autres maisons, à l'angle des chemins de Clermont et de St.-Just; deux maisons isolées sur la droite de la route de Clermont; et le *Tiers-Etat* sur celle de Beauvais à Amiens (d'Evreux à Breteuil).

Marissel peut être considéré comme une espèce de faubourg de Beauvais; c'est du moins un lieu de réunion et de promenade pour les habitans de cette ville.

(*) Cette étymologie exigerait qu'on écrivît *Marisselle*, comme quelques personnes le font.

377. Le portail de l'église est curieux; il est orné de guirlandes de vignes, copiées peut-être sur les ruines d'un *Temple de Bacchus* qui existait jadis dans les environs, sur un monticule appelé le *mont Caperon* (n.º 131), et dont, en 1635, on a découvert les débris. Quelques personnes pensent même que cette église, qui n'est pas tournée vers l'orient, comme le sont toutes les églises chrétiennes, était jadis elle-même un temple païen. Elle domine agréablement un côteau chargé de vignes, et y forme un beau point de vue.

On trouva, le 12 avril 1695, à 3 ou 400 pas de cette église, en un lieu nommé la Sablonnière, entre le chemin de Saint-Just et la route de Clermont, une *statue de Mercure*, que M. Bucquet a donnée à Beauvais. Elle a été décrite et gravée par Montfaucon, et expliquée par Vaillant.

378. Une petite portion de terre (3 hectares 25 ares) de la même nature que celle des aires de Beauvais dépend de cette commune.

On n'y connaît guère d'autre industrie que la culture des terres, des aires et des vignes; les habitans viennent vendre à Beauvais leur lait, leur volaille, leurs fruits et leurs légumes.

379. Le vignoble de cette commune est d'environ 71 hectares : c'est un des moins mauvais

du canton. On assure qu'en 1757, un des grands-vicaires du cardinal de Gêvres, alors évêque de Beauvais, se rendant à Rome, emplit sa voiture de vin de Marissel, auquel il était accoutumé. Il est léger, apéritif. (Voyez n.° 95.)

380. On trouve près de Marissel des *carrières* d'une pierre tendre qu'on est forcé de laisser sécher au soleil avant que de l'employer.

NOTRE-DAME DU THIL.

381. C'est le nom d'une commune composée de 5 hameaux et de 6 écarts. Aucun de ces lieux ne porte ce nom, écrit par erreur *Duthil Notre-Dame* dans l'arrêté du 23 vendémiaire an 10. Cependant on peut considérer comme chef-lieu de la commune le hameau de *Saint-Lucien*, où l'église est située. Il se nommait autrefois *le Thil* (*Tilium*), et l'église étant sous l'invocation de Notre-Dame, la commune a pris le nom de *Notre-Dame du Thil*, qu'elle a conservé, même depuis que le hameau du Thil a pris celui de la célèbre abbaye de Saint-Lucien qui y existait avant la révolution.

382. Les autres hameaux sont : *Villers-St.-Lucien*, *le Plouy-Saint-Lucien*, *Praillon* ou

Prélong, *et Miauroy* ou *la Mie-au-Roy.*

Les écarts sont : *la Folie* ou *Beau-séjour*, ancienne maison de campagne de l'abbaye St.-Quentin, près la route d'Amiens; *Brulet;* la ferme du *Bois*, ancienne maison de campagne de l'abbaye Saint-Lucien, avec une maison d'exploitation rurale pour un fermier; la ferme de l'*Hôtel-Dieu;* la *Briqueterie* et la *Fabrique de draps* (n.° 389).

383. Toute la partie méridionale de cette commune est arrosée par le Thérain. L'*Oëte* ou l'*Eauette* en traverse la partie orientale, et vient se jeter dans le Thérain près la fabrique de draps.

La route départementale, n.° 3, de Beauvais à Dieppe, prend naissance au hameau de Villers, que traverse la route de Paris à Calais. En suivant cette dernière, on laisse sur la gauche le joli paysage de Miauroy.

384. On trouve, au hameau de ce nom, un oratoire ou chapelle, où se fait un pélerinage annuel, et un moulin à blé, situé sur le Thérain. Ses tourelles, mangées par le tems, laissent deviner un antique château ou peut-être un vieux monastère, consacré par l'amour d'un de nos premiers rois pour sa mie; ce qui, dit-on, doit faire donner à ce hameau le nom de *la Mie-au-Roy*, que quelques personnes

lui attribuent maintenant. D'autres pensent que ce nom vient de *My au Roy* ou *My au ru* (en latin *Medius rivus*). Simon le nomme en latin *Malredum* et *Modium regis* (*Muid du Roi*).

385. Le Thil, ou St.-Lucien, forme une espèce de faubourg de Beauvais. On prétend même que jadis ce hameau faisait partie de la ville. Il n'est séparé du faubourg Gaillon que par un sentier. Le saint dont il tire son nom fonda la religion catholique dans les Gaules vers l'an 245 ou 250, malgré que certains écrivains le fassent disciple de saint Pierre. Il subit le martyre sur la montagne de Montmille (n.° 368), mais il fut enterré dans le cimetière du Thil, au lieu où l'on voit encore une chapelle. St. Evrost, évêque de Beauvais, fit transporter ensuite, vers l'an 580, les corps des trois martyrs, St. Lucien, St. Maxien et St. Julien, dans l'église de l'abbaye construite près de ce lieu.

386. Cette abbaye était, au moment de la révolution, un superbe édifice, qui, comme l'église y tenant, n'offre plus maintenant que des ruines. Elle était de l'ordre de St. Benoît, et fut, dit-on, bâtie ou plutôt fondée dans le v.ᵉ siècle par Childebert, Gontran et Chilpéric, rois de France. Son église, située sur une

montagne couverte de vignobles, était un des monumens les plus curieux des environs. Ce furent les stalles de cette église qui fournirent à Calot toutes les bizarreries qu'il consigna dans sa tentation de St. Antoine et dans ses autres dessins. Elles sont heureusement conservées.

M. Cambry donne la description d'une foule d'autres objets singuliers que renfermait cette église, ainsi que le bâtiment des religieux. La nature de cet ouvrage ne nous permet pas d'entrer dans les mêmes détails; mais nous croyons devoir indiquer leur source aux personnes qui seraient curieuses de les voir (*).

Les bâtimens de cette abbaye ont été détruits en 1810.

387. On a trouvé à Saint-Lucien des médailles de Trajan et d'Antonin.

388. Une manufacture assez importante de toiles peintes, dont nous avons parlé à l'article de Beauvais (n.° 112), située sur le Thérain, au lieu dit les Quatre-Vents, dépend de Saint-Lucien.

389. Nous avons annoncé aussi (n.° 109)

(*) Voyez les pages 189 à 192, 200 à 205, 219 et 317 du tome II de la Description du Département de l'Oise, par M. Cambry.

qu'il existait dans cette commune une manufacture d'étoffes de laine, où l'on fabrique, par le
moyen d'une mécanique mise en mouvement
par les eaux du Thérain, tout ce qui tient à
la confection des étoffes, depuis la filature de
la laine jusqu'au tissu. Cette manufacture est
un écart du hameau de Saint-Lucien.

390. Les alentours de ce hameau forment
une espèce de labyrinthe, et un des lieux les
plus tranquilles, les plus frais et les plus agréables qu'on puisse parcourir dans les jours ar-
dens de l'été.

391. Il existe dans cette commune beaucoup
de vignes, dont on fait un vin assez médiocre,
comme celui des environs.

392. *Dom Nicolas Patin,* prieur claustral de
Saint-Lucien, a publié quelques écrits mystiques au commencement du xvii.ᵉ siècle.

393. St.-Lucien est la patrie de *Réné Binet,*
qui y naquit en 1732, et mourut à Paris le 31
octobre 1812, à 80 ans 10 mois. Il fut, avant
la révolution, recteur de l'université, professeur à l'école militaire, et professeur de rhétorique au collége du Plessis; il était, lors de sa
mort, proviseur du lycée qui depuis fut nommé lycée Bourbon. On lui doit des traductions
d'Horace, de Virgile et de Valère-Maxime.

394. La commune de Notre-Dame du Thil

est le chef-lieu de perception des communes de
Bracheux, Goincourt, Marissel et Saint-Just.

Un notaire y réside actuellement.

395. L'église est une succursale de la paroisse
St.-Pierre de Beauvais : cependant l'oratoire de
Miauroy est attribué spécialement à l'église de
St-Pierre, et non à celle de Notre-Dame du Thil.

PIERREFITTE, en latin *Petra ficta*.

396. Cette commune a deux hameaux : *le
Détroit* et *Herculez*, que plusieurs personnes
prononcent *Reculés*.

397. L'industrie de cette commune consiste
dans une petite fabrique de poterie et de *sa-
bots*, et un commerce de *bestiaux* peu considérable. On y trouve beaucoup de voituriers.

Il y existe une *briqueterie*.

398. Le château d'*Herculez* fut bâti vers
l'an 1550. *Gilles Binet Desprez*, aumônier de
la reine Eléonore et abbé de Saint-Jean d'A-
miens, mort en 1559, le fit construire pour une
héritière de la maison *Desprez*, qui épousa le
seigneur *du Biez*. Ce château ayant été brûlé
il y a environ 30 ans, M. de Siry, ancien offi-
cier aux Gardes-Françaises, fils du président
de Marigny, et seigneur d'Herculez, en fit
bâtir un très-beau, dont une partie fut détruite
pendant la révolution.

399. La tige de la famille Binet, qui a fourni plusieurs savans à ce pays, remonte à *Georges Binet*, dit *Desprez*, écuyer, seigneur d'Herculez, qui vivait en 1508 : c'était le père de Gilles Binet, dont il vient d'être parlé.

SAINT-JUST-DES-MARAIS.

400. Ce village, situé sur la route de Rouen à Soissons, n'est séparé que par un ruisseau du faubourg Saint-Quentin de Beauvais, dont il forme une continuation.

Son assiette dans un marais entouré d'eaux lui a fait donner le nom qu'il porte. C'est un pays humide : le Thérain, qui s'y divise en plusieurs branches, contribue beaucoup à cette extrême humidité.

Quatre écarts, *la Trépinière*, *la Ferme-rouge*, *le Gros-Chéne*, et *la Briqueterie*, ainsi que le hameau de *Breaa*, en dépendent.

401. St.-Just possède 450 hectares de terre, et un marais de 75 hectares qui a été partagé entre les habitans de cette commune et qui forme à présent des jardins particuliers. Il est encore loin d'être en aussi bon rapport que celui des aires, à l'autre extrémité de la ville de Beauvais.

402. On voit à Saint-Just deux *manufactures de toiles peintes*. L'une est depuis quel-

ques années dans une stagnation complète; mais l'autre est en pleine activité, et d'une grande importance : elle obtient beaucoup de succès, sur-tout pour les bleus faïencés. Ces manufactures sont censées faire partie du commerce de Beauvais. Voyez ce qui en a été dit à l'article de cette ville, n.° 112.

Il existe aussi dans ce même lieu deux *blanchisseries* fort estimées, dont l'une, très-ancienne, connue avantageusement sous le nom de Michel père et fils, fait en outre un commerce considérable de toiles de demi-Hollande. On se sert, dans ces blanchisseries, de l'acide muriatique oxygéné. Elles entrent aussi dans le commerce général de Beauvais. Voy. n.° 113.

On remarque encore dans cette commune un moulin à blé mu par les eaux du Thérain, et une fabrique d'excellente chandelle.

403. Saint-Just est la patrie de M. *Antoine Blandurel,* qui y naquit le 5 juillet 1734. Il fut, avant la révolution, professeur de rhétorique au collége d'Auchin, à Douai, et chanoine d'Arras : il occupa depuis la chaire de rhétorique au collége de Beauvais. Il a traduit en vers latins le poëme de la Religion de Racine, et publié divers ouvrages de poésie latine et française. Il est mort à Beauvais, le 28 novembre 1813.

Saint-Martin-le-Noeud, en latin *Vallis nodi*, ou *S. Martinus de Nodo.*

404. Le nom de cette commune est celui de son église, presqu'isolée sur la route d'E-vreux à Breteuil, et dont l'invocation est sous le nom de *Sanctus Martinus de Nodo.* C'est donc à tort que certaines personnes l'appellent *Saint-Martin-le-Neuf.* Il n'existe autour de cette église qu'un petit nombre de maisons bâties depuis peu d'années.

405. La commune se compose de quatre hameaux et d'un écart; savoir : *Sénéfontaine* (en latin *Sanus* ou *Serenus Fons*); *Auxmarais,* qu'on appelle aussi, mais à tort, *le Marais,* sur l'Avelon; *Flambermont,* et partie de *Grand-camp* (le surplus d'Auneuil et de St.-Léger): l'écart est une espèce de ferme nommée le *Château-bleu,* près d'Auxmarais.

L'église de Saint-Martin-le-Noeud marque à mi-côte sur la montagne de ce nom par son clocher pointu et par le bois sacré, bien dé-taché, sur un fond dépouillé, qui décore le cimetière de cette petite chapelle.

406. Il y a dans cette commune quelques *carrières,* dont la pierre est trop tendre pour qu'on l'emploie dans les bâtimens.

On y trouve aussi un moulin à eau. Il est

situé au hameau d'Auxmarais, sur l'Avelon.

Cette commune dépend de la perception de Frocourt, canton d'Auneuil.

SAVIGNIES, en latin *Sabiniæ* ou *Saviricæ*.

407. Ce village, assez considérable, renommé par ses fabriques de *poteries*, est situé sur la route de Rouen à Soissons, et sur le penchant d'une colline.

La commune se compose, outre le chef-lieu, de 5 hameaux : *le Monchel* ou *Moncel*, *Cour-celles*, *la Frénoye*, *les Gorguets*, et *le Mont-Bénard* tenant au chef-lieu.

408. Un *moulin à vent*, situé près du Mont-Bénard, forme un écart. Il est remarquable par la hauteur de son assiette : on le voit de fort loin, et de tous côtés.

Le ruisseau de *la Frénoye* prend sa source au hameau de ce nom, et se jette dans l'Ave-lon après un cours de 4 kilomètres.

409. Voici la description que M. Cambry donne de cette commune intéressante :

« La route qui conduit de Beauvais à Savi-gnies est fort belle et très-agréable. Après avoir traversé des côteaux, des vallons, des bois et des vergers, la vue s'arrête à l'occident sur une montagne élevée, couverte d'arbres, qui semble séparer Savignies du reste du monde :

elle forme un cercle autour de ce joli village,
situé au milieu d'une forêt de pommiers, dans
une plaine, au pied des monts.

» Il n'est point d'aspect aussi bizarre que
celui de ce tas de maisons séparées, placées
sur un terrein inégal, et formant cependant
une espèce de rue : au milieu d'énormes mon-
ceaux de fagots et de bois qui les rapprochent
et des arbres qui les dominent, c'est un bû-
cher immense qui n'attend qu'une étincelle
pour s'embrâser, et qui, par un miracle de
toute heure et de toute minute, subsiste au
milieu de vingt-cinq fours allumés, et dans
une incroyable activité, laissant par cent cre-
vasses échapper des torrens de flammes, d'é-
tincelles et de fumée. Tous les toits sont cou-
verts de chaume au milieu de ces fournaises
ardentes ; mais sans doute un dieu les protège.

» Les maisons, les cours, des planches ran-
gées par étage, sont couvertes de poteries. Les
murs sont faits d'une espèce de glaise remplie
de tessons, de pots cassés, de cruches d'un aspect
singulier. Chez un de ces potiers, à la bouche
d'un four, le corps d'un orme élevé, nu, sans
écorce, est chargé de petits pots de grès, asyle
d'un million d'oiseaux ; il se marie avec toutes
les pointes saillantes du paysage, et, de près,
rivalise avec le clocher du village. »

410. Hermant et Louvet assurent qu'on trouve à Savignies des terres propres à étancher le sang, de l'espèce de celle qu'on nomme *sigillée* ou *lesbienne*.

Il y existe aussi une *carrière*, dont on tire une pierre grise d'une consistance égale à celle du grès.

On trouve encore, dans les environs, des *grès ferrugineux* ou ocracés très-friables ; les terres qu'on emploie à la fabrication des poteries sont formées de quatre couches d'argile placées l'une sur l'autre, séparées par des sables. Au pied de la montagne, au lieu de grès, on rencontre des pierres calcaires mêlées de fragmens de coquilles : ces bancs s'étendent jusqu'à Gournay.

411. La fabrique de Savignies est de deux sortes : la plommure, ou poterie vernissée, qui est moderne, et le grès, qui date de son origine.

Les vases les plus considérables qu'on y fabrique sont les grandes fontaines de grès, répandues dans toutes les maisons de Paris, et des cornues de 20 à 25 litres : on y fait des terrines à lait, des bouteilles de toute grandeur, jusqu'aux doubles taurilles, des tuyaux de grès, des pots, cruches, cruchons, cornues-récipiens, des alcarrazas, des creusets très-réfractaires aussi bons que ceux de Hesse, et de grands creusets blancs pour la fonte du cuivre, préférables à ceux de Saint-Samson.

412. Nous emprunterons encore ici les expressions de M. Cambry pour la description des travaux qu'exige la fabrication de ces meubles aussi simples qu'utiles :

« Les potiers de Savignies qui travaillent en grès sont au nombre de seize. Ils commencent leurs travaux à la St. Martin et les finissent au mois d'avril ; c'est ce qu'ils nomment le travail d'hiver. Ils tirent pendant l'été les terres qu'ils doivent employer ; ils sont quelquefois obligés, pour trouver la terre qu'ils cherchent, de descendre, à force de travail, jusqu'à 20 mètres de profondeur, contrariés souvent par des sources abondantes qu'ils n'épuisent qu'à force de bras. Leurs terres sont noires, brunes ou jaunes : la première est composée d'une grande quantité d'argile et de sable ; il y a moins d'argile dans la deuxième, mais plus de pierrailles et de sable ; il y a peu d'argile dans la terre jaunâtre, mêlée de sable, de pierres et d'oxyde de fer. Au mois d'avril, quand les gelées cessent, des chevaux, des ânes, guidés par des enfans, vont sur la montagne chercher la terre extraite des puisards : ces terres sont des trois sortes que nous avons indiquées ; mais la troisième ne s'em-

ploié jamais seule; on la mélange avec les autres dans la proportion requise par la nature
des vases qu'on veut exécuter.

» Rendue à l'atelier, la première opération
que subisse la terre est celle que lui fait éprou-
ver l'ouvrier qu'on nomme le marcheur; son
office est de la mouiller et de la piler aux pieds
dans une fosse de 2 mètres de long sur un de
profondeur et 14 décimètres de large. La terre
ainsi rendue maniable, et mélangée, est divisée
en globes de 15, 20 à 25 kilogrammes. Chaque
marcheur gagne 1 ^{f} 20 ^{c} par fournée; il doit
préparer la matière nécessaire pour remplir un
four, qui contient ordinairement de 15 à 18
marches; la marche est un plateau de 4 mètres de diamètre sur 8 à 10 centimètres de profondeur : chaque homme ne peut préparer
qu'une marche dans sa journée.

» L'ocreuse est la femme qui prend la terre
quand le marcheur l'a préparée : elle lui donne
la dernière main et la place sur une planche
à côté du tour, en cônes ou globes propor-
tionnés à l'ouvrage que le potier doit entreprendre. Cette femme gagne 12 fr. par fournée.

» Quand le marcheur et l'ocreuse ont disposé chez un fabricant ce qui est nécessaire
pour la journée de ses ouvriers, ils vont chez
un autre fabricant faire le même travail.

» Les ouvriers faiseurs de vases n'appartiennent pas à telle ou telle fabrique; ils travaillent chez tous ceux qui veulent les employer : chacun d'eux s'attache à tel ou tel
genre de fabrication ; celui qui fait des bouteilles ne fait pas aussi-bien les cornues, et celui qui fait des fontaines ferait fort mal une
bouteille. Quelques ouvriers supérieurs sont
néanmoins en état d'exécuter tous ces genres
d'ouvrage avec une égale perfection.

» Les ateliers les mieux montés ne contien-
nent que deux à trois roues; elles sont placées
horizontalement dans un trou profond de 65
centimètres, et tournent, sans machines ou
manivelles, à l'aide d'un bâton que l'ouvrier
passe dans les rais : la roue ayant reçu toute
l'impulsion que ce moyen lui communique,
tourne avec une grande vivacité; et les poteries se fabriquent avec le poignet et la main,
sans tour et sans autres moyens d'industrie.
C'est un genre de création d'un grand intérêt:
mille formes se communiquent en un moment
à la matière informe et brute.

» Quelques-uns de ces ouvriers gagnent
jusqu'à 6 et 8 francs par jour.

» Il est inutile de dire que tous les objets
fabriqués sont visités, réparés, soudés avec
soin, et qu'ils sèchent à l'ombre avant qu'on
les mette au four.

» La longueur des fours est de 12 à 13 mètres, leur largeur est de 13 décimètres au bas
de la fosse, et de 23 en haut : ils ont 2 mètres
et demi de hauteur.

» Un homme expérimenté dirige le feu,
pour lequel il emploie 70 à 75 stères de bois,
et 500 fagots par cuitée.

» Quand on pénètre dans le four, pour en
enlever les poteries cuites, la chaleur est encore extrême ; elle dépasse 40 degrés du ther-
momètre de Réaumur, et n'incommode point
les travailleurs qui sans repos y sont exposés
toute la journée. »

413. Les poteries de Savignies sont de la
plus haute antiquité : on en peut juger par
l'identité des vases qu'on trouve au fond des
puits de ce village et dans les fouilles de Bra-
tuspance.

La seule tradition transmise de père en fils
dans Savignies est que Jésus-Christ et St. Pierre
sont venus visiter ces lieux.

Rabelais parle des poteries de Savignies ; Ber-
nard Palissy les célèbre ; Loisel assure qu'elles
fournissaient non-seulement la France, mais
l'Angleterre, les Pays-Bas, etc.

Baïf, *de re Vestiariâ*, parle des pots de
Beauvais ou de Savignies.

Quand les princes passaient autrefois à Beau-

vais, on leur donnait des poteries de Savignies:
de tels présens furent offerts à Louis XII, à
François Ier, etc.

414. L'aisance que le travail répand à Savignies donne à ses habitans une gaieté qui se
montre sans qu'on ait besoin de la solliciter:
c'est le rire de la franchise; c'est cette disposition qu'on éprouve quand on veut plaire,
quand on veut obliger; c'est cet empressement,
compagnon de l'hospitalité, qui fait accepter
sans fausse politesse et sans grimaces tout ce
qu'il offre: on y rit toute la journée; on y
danse tous les dimanches.

415. La terre de Savignies était possédée,
en 1665, par Claude - François *du Biez,* qui
se signala aux batailles de Lens et de Rethel.

416. Savignies est le chef-lieu de perception
pour les communes de Fouquenies et Pierrefitte
(canton de Beauvais), et de Saint-Paul et St.-
Germain (canton d'Auneuil).

Cette commune est aussi la résidence d'un
notaire.

F I N.

TABLE ALPHABÉTIQUE
DES COMMUNES, HAMEAUX, ÉCARTS,
RIVIÈRES ET RUISSEAUX.

Nota. Les noms des chefs-lieux de Communes sont en PETITES CAPITALES, ceux des Hameaux et Écarts en caractère romain, et ceux des Rivières en *italique.* — Les chiffres indiquent les numéros d'ordre, et non les pages.

TABLE ALPHABÉTIQUE
DE TOUS LES PERSONNAGES
CITÉS DANS CET OUVRAGE.

Nota. Les chiffres indiquent les numéros d'ordre et non les pages.

TABLE DES MATIÈRES.

Nota. Cette Table comprend toutes les matières trai-
tées dans cet Ouvrage, à l'exception de celles qui
font l'objet des deux Tables précédentes. — Les
chiffres indiquent les numéros d'ordre et non les
pages.

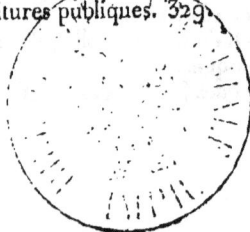

FIN.